华管 / 著

自律

中国华侨出版社
北京

>>> 前言
PREFACE

　　自律是一个人自觉地调节和控制自己行动的能力。自律力强的人，能够理智地对待周围发生的事件，有意识地控制自己的思想感情，约束自己的行为，成为驾驭现实的主人。

　　自律是成功的基本要素，自律力强的人能够更好地控制自己的注意力、情绪、欲望、习惯和行为，更好地应对压力、解决冲突、战胜逆境，身体更健康，人际关系更和谐，恋情更长久，收入更高，事业也更成功。太多的人很难做到自律，不能把自己的精力全部投入他们的工作中，完成自己伟人的使命。这可以解释成功者和失败者之间的区别。能够自律的人，比征服了一座城池的人还要伟大。自律造就伟人，造就机遇，造就成功。任何一个优秀的人都明白，如果没有自律，就永远不可能成功。勇者勇于接受精神上和肉体上的磨炼；他们愿意接受超出自己想象的任务，并全身心投入其中完成它；他们经常让大脑保持活跃，考虑一些有挑战性的问题，不断地思索需要认真对待的事情，以期训练自己的自律能力。而这种自律决定了人们在关键时候的所作所为。传记作家兼教育家托马斯·赫克斯利说："教育最有价值的成果，就是培养了自律,不管是否喜欢,只要需要就去做。"自律使人充满自信,也赢得别人信任。一个人可能在缺乏教育和健康的条件下成功,但绝不可能在没有自律的情况下成功!

自律的养成是一个长期的过程,不是一朝一夕的事情。本书深入分析了自律的内涵、在人生中扮演的角色、发生作用的过程阶段及具体表现,着重强调了强化意志力对提高自律能力的重要作用;阐明了如何培养、提高自律能力,提供了具体有效的训练方法和提高途径;论述如何在实践中磨炼自律能力、迎接并克服种种艰难阻碍;探讨如何运用、发挥自律能力,控制情绪和欲望、改变旧习惯、管理压力、克服拖延等。内容丰富,分析精辟,观点鲜明、新颖、深刻,理论与实践结合,引导读者深切地感悟自律的独特魅力和强大作用,在自己今后的生活实践中,自觉地培养、训练、提高和调动自律能力,引爆蕴藏在体内的潜能,锤炼坚韧不拔的坚强意志,迎接生活中的各种挑战,主宰人生,成就伟业,开创崭新的成功人生。如果你总拖到最后一分钟才开始工作;总是"月光",信用卡透支;想放松一下,却熬夜上网;一直想改变自己,却总是挫败;那么本书就是专门为你而写的。

目录 CONTENTS

序章
自律程度，决定人生高度

人的一切痛苦，本质上都是对自己无能的愤怒。自律，是解决人生问题的首要工具，也是消除人生痛苦的重要手段。那种"一切皆在掌控之中"的安全感，才能让人获得真正意义上的自由。

自律是一种重要的人生能力 // 2

你有多自律，就有多强大 // 4

自律营造幸福生活 // 6

但凡成功无不是自律的结果 // 11

无法管好自己的人也无法管好别人 // 13

第一章
自控力：从自知到自控，拿回人生主导权

自控力的强弱决定了我们人生的成败和精彩程度。具有强大自控力的人，能够稳稳地掌握人生的航向，不会迷失在茫茫大海上；而自控力弱的人，会在各种干扰、诱惑的影响下，迷失方向，随波逐流，成为失败者。

自控力是自我引导的力量　　//16

自控力的差异决定人的差异　　//20

好好规划自己的人生之旅　　//23

目标，即人生的方向　　//25

做主宰自己命运的人　　//28

人生最重要的就是认识自己　　//31

你给自己的定位决定你的人生　　//33

盲从是对人生的不负责任　　//36

不让别人的心态影响自己　　//38

学会控制不合理的欲望　　//41

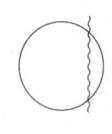

第二章
专注力：聚焦全部能量，才有穿透困难的力量

整个世界好像串通好了要一致阻碍你拥有专注力。每时每刻，你忙于应付外界的各种干扰。这种情况下，若你还能取得一星半点的成就，那简直是奇迹！要想改变这种手忙脚乱四处救火的情形，你必须拥有专注力！

一生只能认真做好一件事　// 45

只专注于脚下的路　// 46

专则精，精则无所不能　// 48

用心而不散乱，聚精而不分心　// 51

专心一意，必能补拙　// 55

专注于一件事，更要专注于细节　// 58

拒绝不必要的打扰　// 61

过简朴生活，全心专注于自己的事业　// 64

以 100% 的努力做 1% 的事　// 66

第三章
意志力：能坚持到最后的人，才是真正的赢家

你从不缺乏亲手实现梦想的力量，只缺少咬紧牙关挺过黑暗时光的坚持！世界上有80%的失败源于半途而废。人生关键处常常只有几步，自律也是。越到最后，越关键。有时候人生拼到最后，拼的不是运气和聪明，而是意志力。

意志力是成功的向导　//70

耐得住寂寞是成功的前提　//73

沉住气，成大器　//75

有一种成功叫锲而不舍　//79

低谷时不放弃，在寂寞中悄然突破　//81

坚守寂寞，坚持梦想　//83

不懈追求才能羽化成蝶　//85

面对诱惑时懂得坚持　//87

大收获必须付出长久努力　//89

第四章
掌控习惯：如何养成好习惯并戒除坏习惯

习惯是一种顽强而巨大的力量，它可以主宰人生。只要培养出良好的习惯并在实践中运用，发挥出自己巨大的潜能，你就能从平凡走向卓越。成功者之所以成功，不是因为他们有着多么高的天赋和超常的才能，而是因为他们有着良好的习惯。

习惯的力量无比大　// 92

习惯能成就一个人，也能摧毁一个人　// 93

卓越是一种习惯，平庸也是一种习惯　// 95

成功的习惯重在培养　// 97

良好的习惯让你事半功倍　// 99

好习惯，成功的基石　// 102

播种行为，收获习惯　// 104

比别人多做一点　// 107

第五章
控制情绪：管好情绪，你就管好了全世界

很多人明明很努力、很勤奋，可就是在某一个时间点没控制好情绪，让1%的情绪失控毁了99%的努力，把自己推向深渊。克服自己这一致命短板，才能开启快速上升的通道，打开人生格局。

做情绪的主人，才能做生活的主角　// 110

心情的颜色影响世界的颜色　// 113

暴躁是发生不幸的导火索　// 115

愤怒就是灵魂在摧残自身　// 119

一个发条上得太紧的表不会走得太久　// 121

卸下情绪的重负，对自己说"没关系"　// 123

用幽默和微笑来战胜不良情绪　// 125

不生气等于消除坏情绪的源头　// 126

情绪化常常让人丧失理智　// 128

第六章
把握心态：你怎样对待世界，世界就会怎样对待你

心态控制了一个人的行动和思想，同时也决定了一个人的心胸、视野和成就，积极心态可以使你学会处世的智慧和做人的道理，使你的人生之路越走越宽，生命的价值越来越大；消极心态则很有可能会让你人生的航船驶入浅滩，从而失去发展的机会，成为失败者。

多疑的人首先猜测的是自己　// 132

仇恨的阴影下不会有多彩的天空　// 135

悲观的人要懂得自我救赎　// 137

别被恐惧的魔鬼"附身"　// 139

·烦躁成不了大事，持重守静才是根本　// 141

排遣抑郁，让心灵沐浴阳光　// 144

摒弃自卑，让内心充满自信的阳光　// 146

不要让嫉妒心偷去你生活的快乐　// 149

放下焦虑，才能得到安宁　// 150

第七章
时间和精力管理：你如何过一天，就如何过一生

为什么我们一开始豪情满满要去做的事情，到最后都不了了之，说到底都是因为没有管理好自己的时间和精力。如果不懂得约束自己，生活的方向就很容易失控。唯有自律的人，才能厘清生活中的细枝末节，让其各安其位，稳当妥帖，串联起井然有序又自在轻盈的人生。

时间都去哪儿了？ // 154

有什么样的目标，就有什么样的人生 // 156

别让零碎的"小岔子"分散你的精力 // 159

重拾行动力，克服拖延症 // 161

设立明确的"完成期限" // 163

用最好的精力做最重要的事 // 166

以"当日事，当日毕"为标准 // 168

恰当而合理的时间预算 // 170

"重要的少数"与"琐碎的多数" // 173

利用好你的最佳时间 // 176

序章
自律程度，决定人生高度

人的一切痛苦，本质上都是对自己无能的愤怒。自律，是解决人生问题的首要工具，也是消除人生痛苦的重要手段。那种"一切皆在掌控之中"的安全感，才能让人获得真正意义上的自由。

自律是一种重要的人生能力

20世纪60年代早期的美国,有一位很有才华、做过大学校长的人,竞选美国中西部某州的议会议员。此人资历很高,又精明能干、博学多识,非常有希望赢得选举的胜利。

但是,一个很小的谎言散布开来:3年前,在该州首府举行的一次教育大会上,他跟一位年轻的女教师有那么一点暧昧的行为。这其实是一个弥天大谎,而这位候选人不能控制自己的情绪,他对此感到非常愤怒,并尽力想要为自己辩解。

由于按捺不住对这一恶毒谣言的怒火,在以后的每次集会中,他都要站起来极力澄清事实,证明自己的清白。

其实,大部分选民根本没有听到或过多地注意这件事,但是,现在人们却越来越相信有那么一回事了。公众们振振有词地反问:"如果你真是无辜的,为什么要为自己百般狡辩呢?"

如此火上加油,这位候选人的情绪变得更坏,他气急败坏、声嘶力竭地在各种场合为自己辩解,以此谴责谣言的传播者。然而,这更使人们对谣言确信不疑。最悲哀的是,连他的太太也开始相信谣言了,夫妻之间的亲密关系消失殆尽。

最后,他在选举中败北,从此一蹶不振。

控制情绪是一种重要的自律能力,也是一种难能可贵的艺术。一个不懂得自律的人,只会任由情绪的发展,使自己有如一头失控的野兽，一旦不小心闯到熙熙攘攘的人群中，则会伤人伤己。

人是群居的动物，不可能总是一个人独处，因此，一旦情绪失控，必将波及他人。自律绝对是种必须具备的能力。

传说中有一个"仇恨袋"，谁越对它施力，它就胀得越大，以至于最后堵死我们生存的空间。你打我一拳，我必定想方设法还你两脚，即使是好汉不吃眼前亏，也必当日后补上——大多数人会这样想。这样做只能使对抗升级而无助于解决问题，更不论是谁对谁错了。

1754年，身为上校的华盛顿率领部下驻防亚历山大市。当时正值弗吉尼亚州议会选举议员，有一个名叫威廉·佩恩的人反对华盛顿所支持的候选人。据说，华盛顿与佩恩就选举问题展开激烈争论，说了一些冒犯佩恩的话。佩恩火冒三丈，一拳将华盛顿打倒在地。当华盛顿的部下跑上来要教训佩恩时，华盛顿急忙阻止了他们，并劝说他们返回营地。

第二天一早，华盛顿就托人带给佩恩一张便条，约他到一家小酒馆见面。佩恩料定必有一场决斗，做好准备后赶到酒馆。令他惊讶的是，等候他的不是手枪而是美酒。

华盛顿站起身来，伸出手迎接他。华盛顿说："佩恩先生，昨天确实是我不对，我不可以那样说，不过你已然采取行动挽回了面子。如果你认为到此可以解决的话，请握住我的手，让我们交个朋友。"从此以后，佩恩成为华盛顿的一个狂热崇拜者。

我们在钦佩伟人的同时，也要认识到自律的重要性。许多伟人之所以能够名垂千古，与他们的从容豁达、宠辱不惊有很大的关系。而芸芸众生也许更多的是任由情绪发泄，没有利用好自律的作用。

一个成功的人必定是有良好自律能力的人,自律不是说不发泄情绪,也不是不发脾气,过度压抑会适得其反。良好的自律就是不要凡事都情绪化,任由情绪发展,而是要适度控制,这是一种能力的体现。

你有多自律,就有多强大

一个人能够自律的秘密源于他的思想。我们经常在头脑中贮存的东西会渐渐地渗透到我们的生活中。如果我们是自己思想的主人,如果我们可以控制自己的思维、情绪和心态,那么,我们就可以控制生活中可能出现的所有情况。

我们都知道,当沸腾的血液在我们狂热的大脑中奔涌时,控制自己的思想和言语是多么地困难。但我们更清楚,让我们成为自己情绪的奴隶是多么危险和可悲。这不仅对工作与事业来说是非常有害的,而且还减少了效益,甚至还会对一个人的名誉和声望产生非常不利的影响。无法完全控制和主宰自己的人,命运不是掌握在他自己的手里。

有一个作家说:"如果一个人能够对任何可能出现的危险情况都进行镇定自若的思考,那么,他就可以非常熟练地从中摆脱出来,化险为夷。而当一个人处在巨大的压力之下时,他通常无法获得这种镇定自若的思考力量。要获得这种力量,需要在生命中的每时每刻，对自己的个性特征进行持续的研究，并对自律进行持续的练习。而在这些紧急的时刻，有没有人能够完全控制自己，在某种程度上决定了一场灾难以后的发展方向。有时，也是在一场灾难中，这个可以完全自律的人，常常被要求去管理那些不能自律的人，因为那些人由于精神系统的瘫痪而暂时失去了做出正确决策的能力。"

看到一个人因为恐惧、愤怒或其他原因而丧失自律力时，这是非常悲惨的一幕。而某些重要事情会让他意识到，彻彻底底地成为自己的主人，牢牢地控制自己的命运是多么地必要。

想想看有这样一个人，他总是经常表露自己的想法——要成为宇宙中所有力量的主人，而实际上他却最终给微不足道的力量让了路！想想看他正准备从理性的王座上走下来，并暂时地承认自己算不上一个真正的人，承认自己对控制自己行为的无能，并让他自己表现出一些卑微和低下的特征，去说一些粗暴和不公正的话。

由于缺少自制美德的修炼，许多人还没有学会避免那伤人的粗暴脾气和锋利逼人的言辞。

不能自律的人就像一个没有罗盘的水手，他处在任何一阵突然刮起的狂风之下。每一次激情澎湃的风暴，每一种不负责任的思想，都可以把他推到这里或那里，使他偏离原先的轨道，并使他无法达到期望中的目标。

自律的能力是高贵的品格之一。能镇定且平静地注视一个人的眼睛，甚至在极端恼怒的情况下也不会有一丁点儿的脾气，这会让人产生一种其他东西所无法给予的力量。人们会感觉到，你总是自己的主人，你随时随地都能控制自己的思想和行动，这会给你品格的全面塑造带来一种尊严感和力量感，这种东西有助于品格的全面完善，而这是其他任何事物所做不到的。

这种做自己主人的思想总是很积极的。而那些只有在自己乐意这样做，或对某件事特别感兴趣时才能控制思想的人，永远不会获得任何大的成就。那种真正的成功者，应该在所有时刻都能让他的思维来服从他的意志力。这样的人，才是自己情绪的真正主人；这样的人，已经形成了强大的精神力量，他的思维在压力最大的时候恰恰处于最巅峰的状态；这样的人，才是造物主所创造出来的理想人物，是人群中的领导者。

自律营造幸福生活

在社会中，只有遇事不慌、临危不惧的人才能成就大事，而那些情绪不稳、时常动摇、缺乏自信、遇到危险就躲、遇到困难慌神的人，只能过平庸的生活。

自律是一种力量，自律使人头脑冷静、判断准确。自律的人充满自信，同时也能赢得别人的信任。

自律力强的人，比焦虑万分的人更容易应付种种困难、解决种种矛盾。而一个做事光明磊落、生气蓬勃、令人愉悦的人，无论到哪儿都是受人欢迎的。

在商人中间，自律能产生信用。银行相信那些能自律的人。

商人们相信,一个无法自律的人既不能管理好自己的事务,也不能管理好别人的事务。一个人可能在缺乏教育和健康的条件下成功,但绝不可能在没有自律力的情况下成功!

无论是谁,只要能下定决心,决心就会为他的自律行为提供力量与后援。能够支配自我,控制情感、欲望和恐惧心理的人会比国王更伟大、更幸福。否则,他就不可能取得任何有价值的进步。

张飞得知关羽被东吴杀害后,陷入了极度的悲痛之中,他"旦夕号泣,血湿衣襟"。刘、关、张桃园结义,手足之情极为深厚,如今兄长被害,张飞的悲痛也算一种正常的情绪反应。但他在悲痛之中丧失了起码的理智,任由此种不良情绪发展,并使它深深感染了刘备,不仅给自己招来杀身之祸,也极大地损害了三人为之奋斗的事业。刘备得知关羽为东吴所害,悲愤之下准备出兵伐吴,赵云向刘备分析当时的形势:"国贼乃曹操,非孙权也。今曹丕篡汉,神人共怒,陛下可早图关中……若舍魏以伐吴,兵势一交,岂能骤解……汉贼之仇,公也;兄弟之仇,私也。愿以天下为重。"赵云所主张的先公后私,就是一种理智的选择。若听任自己情绪的指挥,当然要先为关羽报仇雪恨;若从光复汉室的大局着想,则应以伐魏为先。刘备在诸葛亮的苦劝之下,好不容易"心中稍回",却被张飞无休止的号哭弄得又起伐吴之心。

张飞痛失兄长,恨不得立刻到东吴杀个血流成河,他"每日望南切齿、睁目怒恨"。由于报仇心切,一腔怨怒无处发泄,在不知不觉之间把怒气出到了自己人头上,"帐上帐下,但有犯者即鞭挞之;多有鞭死者",他的情绪失控到了杀自己人出气的地步,并传染给身边的每一个人。

张飞的情绪失控，不仅使自己，也使刘备在理智与情绪的抗衡中败下阵来，冲动地做出了出兵东吴的错误决定，结果使蜀汉的力量在这场战争中大大削弱，为蜀汉的衰落埋下了伏笔。

当一个人的怨恨到了丧失理智的地步时，他去伤害别人或被别人伤害也就在情理之中。张飞向手下将士发出了"限三日内制办白旗白甲，三军披孝伐吴"的命令，根本不考虑手下能否在那么短的期限内完成任务。当末将范疆、张达为此犯难时，张飞不由分说，将二人"缚于树上，各鞭背五十"，"打得二人满口出血"，还威胁道："来日俱要完备！若违了限，即杀汝二人示众！"

刘备得知张飞鞭挞部属之事，曾告诫他这是"取祸之道"，说明刘备也认识到了张飞丧失理智背后隐藏的危险。然而张飞仍不警醒，不给别人留任何退路，连"兔子急了也咬人"的道理都忘了。最后，范疆、张达无法可想，只好拼个鱼死网破，趁张飞醉酒，潜入帐中将其刺死。

由于张飞不善于控制自己的负面情绪，尽管他有勇猛、豪爽、忠义之名，却不受部属的拥戴。作为一员大将，没有战死沙场，却死于自己人之手，这的确是缺乏自律力而酿成悲剧的一个典型例子。

同时张飞也是一位不懂得自律的人，一味任其发展，最终导致这样的结局，不能不说是一种必然结果。

人生在世，若缺乏自控力，将会令生活"一片狼藉"。一个人若完全被情绪所控制，那样伤害的不只是别人，你自己也会因此失去拥有幸福的机会。

许多名人写下了无数文字来劝诫人们要学会自律。詹姆士·博尔顿说:"少许草率的词语就会点燃一个家庭、一家邻居或一个国家的怒火,而且这样的事情常常发生。半数的诉讼和战争都是因为言语而引起的。"乔治·艾略特则说:"妇女们如果能忍着那些她们知道无用的话不说,那么她们半数的悲伤都可以避免。"

赫胥黎写下过这样的话:"我希望见到这样的人,他年轻的时候接受过很好的训练,非凡的意志力成为他身体的真正主人,应意志力的要求,他的身体乐意尽其所能去做任何事情。他头脑明智,逻辑清晰,他身体所有的功能和力量就如同机车一样,根据其精神的命令准备随时接受任何工作,无论是编织蜘蛛网这样的细活还是铸造铁锚这样的体力活。"

希尔曾说:"一个有自律力的人,不易被人轻易打倒;能够自律的人,通常能够做好分内的工作,不管是多么大的困难皆能予以克服。"

许多人,特别是年轻人情绪丰富不稳,自律力较差,往往从理智上也想自我锤炼,积极进取,但在感情和意志上却控制不了自己。专家们认为,要成为一个自律力强的人,需做到以下几点。

(1)自我分析,明确目标。一是对自己进行分析,找出自己在哪些活动中、何种环境中自制力差,然后拟出培养自制力的目标步骤,有针对性地培养自己的自制力;二是对自己的欲望进行剖析,扬善去恶,抑制自己的某些不正当的欲望。

(2)提高动机水平。心理学的研究表明,一个人的认识水平和动机水平,会影响一个人的自律力。一个成就动机强烈,人生目标远大的人,会自觉抵制各种诱惑,摆脱消极情绪的影响。无论他考虑任何问题,都着眼于事业的进取和长远的目标,从而获得一种自律的动力。

（3）从日常生活中的小事做起。高尔基说："哪怕是对自己小小的克制，也会使人变得更加坚强。"人的自律力是在学习、生活工作中的千百万小事中培养、锻炼起来的。许多事情虽然微不足道，但却影响到一个人自律力的形成。如早上按时起床、严格遵守各种制度、按时完成学习计划等，都可积小成大，锻炼自己的自律力。

（4）绝不让步迁就。培养自律力，要毫不含糊地坚定和顽强。不论什么东西和事情，只要意识到它不对或不好，就要坚决克制，绝不让步和迁就。另外，对已经做出的决定，要坚定不移地付诸行动，绝不轻易改变和放弃。如果执行决定半途而废，就会严重地削弱自己的自律力。

（5）经常进行自警。如当学习时忍不住想看电视时，马上警告自己，管住自己；当遇到困难想退缩时，不妨马上警告自己别懦弱。这样往往会唤起自尊、战胜怯懦，成功地自律。

（6）进行自我暗示和激励。自律力在很大程度上就表现在自我暗示和激励等意念控制上。意念控制的方法有：在你从事紧张的活动之前，反复默念一些树立信心、给人以力量的话，或随身携带座右铭，时时提醒激励自己；在面临困境或身临危险时，利用口头命令，如"要沉着、冷静"，以组织自身的心理活动，获得精神力量。

（7）进行松弛训练。研究表明，失去自律或自律力减弱，往往发生在紧张心理状态中。若此时进行些放松活动，如按摩、意守丹田等，则可以提高自控水平。因为放松活动可以有意识地控制心跳加快、呼吸急促、肌肉紧张，获得生理反馈信息，从而控制和调节自身的整个心理状态。

但凡成功无不是自律的结果

　　成功的一个基本要素是自律，没有自律力的人终将一无所成，一点的小刺激和小诱惑都抵制不了，面对大的诱惑必将深陷其中。

　　自律情绪是一种重要的能力，也是人区别于动物的重要标志。人是有理性的，不能只依赖感情行事。

　　2000年，小布什击败戈尔当选为美国总统。但你可想到，就是这样堂堂的美国总统，年轻时候却放荡不羁、缺乏自制力。

　　学生时代的布什，学习成绩一般，但对于吃喝玩乐他却样样在行。平时他除了与他那帮"狐朋狗友"四处游荡之外，无所事事。他最大的喜好便是开着自己那辆哈雷·戴维斯摩托车，带着时髦的女孩，在大街上飙车。除此之外，每天晚上，他总是泡在各色舞厅里，不到深夜不会回家，而且每次都是醉醺醺的。

　　老布什看儿子如此不济，多次谆谆教导，但是，小布什总把父亲的话当作耳旁风，依然故我。

　　直到有一天，一个很特别的姑娘出现在他面前，她的美丽和纯洁一下打动了"花花公子"小布什。在这位姑娘的影响之下，小布什警醒了，他慢慢克制住自己的放浪行为，奋发努力，投入政界。经过一番奋斗，他终于成就了自己的辉煌，登上了总统的宝座。

托马斯·曼告诫人们："控制感情的冲动，而不是屈从于它，人才有可能得到心灵上的安宁。"

没有自律力的人是可怕的，不但他的思想会肆意泛滥，行为更会如此。有人喝酒成瘾、上网成瘾等，无一不是缺乏自律力的表现。

一个失去自律能力的人是不会得到命运的眷顾与垂青的。

那些以为自律就会失去自由的人，对"自由"与"自律"的意义显然还没有深刻的领会。因为自律不是要以失去自由为代价，恰恰是为了保证自由最大限度内的实现。

一位骑师精心训练了一匹好马，所以骑起来得心应手。只要他把马鞭子一扬，那马儿就乖乖地听他支配，而且骑师说的话马儿句句都明白。

骑师认为用言语指令就可以驾驭住了，缰绳是多余的。有一天，他骑马外出时，就把缰绳给解掉了。

马儿在原野上驰骋，开头还不算太快，仰着头抖动着马鬃，雄赳赳地高视阔步，仿佛要叫他的主人高兴。但当它知道什么约束都已经解除了的时候，它就越发大胆了，它再也不听主人的叱责，越来越快地飞驰在辽阔的原野上。

不幸的骑师，如今毫无办法控制他的马了，他用颤抖的手想把缰绳重新套上马头，但已经无法办到。失去羁控的马儿撒开四蹄，一路狂奔着，竟把骑师摔下马来。而它还是疯狂地往前冲，像一阵风似的，路也不看，方向也不辨，一个劲儿冲下深谷，摔了个粉身碎骨。

"我可怜的好马呀，"骑师好不伤心，悲痛地大叫道，"是我一手造就你的灾难。如果我不冒冒失失地解掉你的缰绳，你就不会不听我的话，就不会把我摔下来，你也绝不会落得这样凄惨的下场。"

追求自由是无可非议的，但我们不能放任自流。一点也不加以限制的自由，本身就潜藏着无穷的害处与危险，严重的时候，就像脱缰的马儿一样难以控制。世界上不存在绝对的自由，真正意义上的自由，是"戴着镣铐跳舞"。

给情绪一个自制的阀门，我们自然会做到挥洒自如，赢得卓越的人生。

无法管好自己的人也无法管好别人

一个不能自律的人，往往情绪激动，指手画脚，使本来可以办成的事办不成。这是成事一大戒，成大事者的习惯是：先自律，再律人。

世界上，唯有自己能战胜自己。

自律是自己管理自己、自己尊重自己、自己塑造自己。一个能自我管理的人，是一个成熟的人，是一个为自己负责任的人。

一个成功的人既要受别人的监督，又要受自己的监督。别人的监督可以发现自己发现不了的事情，自己的监督就是自律。

自律，就是自己给自己一个纪律。"纪律"这个词源于信徒，也就是跟随者的意思。所以，当你把自己放在信徒之前，那就是说自己是自己的老师，是一个自我推动者、自我塑造者，是自己的跟随者。你必须在思想上认定没有人能够比你更好地教你自己，没有人比你自己更值得你去跟随，没有人能比你更好地改正你自己。你要愿意做这些事情，你要愿意教育自己，你要愿意跟随自己，你要愿意在必要的时候惩罚自己。

服务于英国警界30多年的尼格尔·柏加，在日内瓦举行的一次国际退役警员协会周年大会上，荣获"世界最诚实警察"的美誉。

尼格尔·柏加时年54岁，未婚。有一次，他到英格兰风景如画的湖泊区度假，发现自己在限速30千米区域内以时速33千米驾驶之后，给自己开了一张违例驾驶传票。他回忆道："由于当时见不到其他警员，无人抄牌，而最简单的办法莫过于把车停在路旁，走下车来，写一张传票给自己。"

驶抵市区后，他立刻把这件事报告交通当局。主管违例驾车案件的法官起初大感意外，继而大受感动，他说："我当了多年法官，从未遇到过这样的案件。"结果，他判罚尼格尔25英镑。

尼格尔的自律是一以贯之的。无论是在工作上，还是在生活上，他都是一个严于律己的人。有一次，他的母亲在公园散步时擅自摘取花朵作为帽饰，当他发现后毫不留情地把母亲拘控了。不过，罚款定了以后，他立刻替母亲交付那笔罚款。他解释说："她是我母亲，我爱她，但她犯了法，我有责任像拘控任何犯法的人一样拘控她。"

人们常说以身作则，只有自己做好了，才能让别人信服。同样，只有具有自律力的人，才能很好地管理其他的人。

第一章
自控力：从自知到自控，拿回人生主导权

自控力的强弱决定了我们人生的成败和精彩程度。具有强大自控力的人，能够稳稳地掌握人生的航向，不会迷失在茫茫大海上；而自控力弱的人，会在各种干扰、诱惑的影响下，迷失方向，随波逐流，成为失败者。

自控力是自我引导的力量

著名哲学家罗素曾说："古往今来，对成功秘诀的谈论实在是太多了。其实，成功并没有什么秘诀。成功的声音一直在芸芸众生的耳边萦绕，只是没有人理会她罢了。而她反复述说的就是一个词——自控力。任何一个人，只要听见了她的声音并且用心去体会，就会获得足够的能量去攀越生命的巅峰。这几年来，我一直在努力致力于一项事业——试图在美国人的思想中植入这样一种观念：只要给予自控力以支配生命的自由，那么我们就会勇往直前。"

自控是人最重要的心理素质，是成功者最不可缺少的"精神钙质"。那么自控力究竟是怎样的一个含义呢？

我们不急于给自控力下一个抽象的定义，不妨先看看著名的世界冠军威尔玛的成长经历，从中我们会对自控力的内涵有深切的领悟。

1940年6月23日，在美国一个贫困的铁路工人家庭，一位黑人妇女生下了她一生中的第20个孩子，这是个女孩，取名为威尔玛·鲁道夫。

4岁那年，威尔玛不幸同时患上了双侧肺肺炎和猩红热。在那个年代，肺炎和猩红热都是致命的疾病。母亲每天抱着小威尔玛到处求医，医生们都摇头说难治，她以为这个孩子保不住了。

然而，这个瘦小的孩子居然挺了过来。威尔玛勉强捡回来一条命，但是由于猩红热引发了小儿麻痹症，她的左腿残疾了。从此，幼小的威尔玛不得不靠拐杖来行走。看到邻居家的孩子追逐奔跑时，威尔玛的心中蒙上了一团阴影，她沮丧极了。

在她生命中那段灰暗的日子里，经历了太多苦难的母亲却不断地鼓励她，希望她相信自己并能超越自己。虽然有一大堆孩子，母亲还是把许多心血倾注在这个不幸的小女儿身上。母亲的鼓励带给了威尔玛希望的阳光，威尔玛曾经对母亲说："我的心中有个梦，不知道能不能实现。"母亲问威尔玛她的梦想是什么。威尔玛坚定地说："我想比邻居家的孩子跑得还快！"

母亲虽然一直不断地鼓励她，可此时还是忍不住哭了，她知道孩子的这个梦想将永远难以实现，除非奇迹出现。

在威尔玛5岁那年，一天，母亲听说城里有位善良的医生免费为穷人家的孩子治病。母亲便把女儿抱进手推车，推着她走了3天，来到城里的那家医院。母亲满怀希望地恳求医生帮助自己的孩子。医生仔细地为威尔玛做了检查，然后进到里屋。医生出来的时候拿了一副拐杖。母亲对医生说："我们已经有拐杖了。我希望她能靠自己的腿走路，而不是借助拐杖。"医生说："你的孩子患的是严重的小儿麻痹症，只有借助拐杖才能行走。"

坚强的母亲没有放弃希望，她从朋友那里打听到一种治疗小儿麻痹症的简易方法，那就是为患肢泡热水和按摩。母亲每天坚持为威尔玛按摩，并号召家里的人一有空就为威尔玛按摩。母亲还不断地打听治疗小儿麻痹症的偏方，买来各种各样的草药为威尔玛涂抹。

奇迹终于出现了！威尔玛9岁那年的一天，她扔掉拐杖站了起来。母亲一把抱住自己的孩子，泪如雨下。4年的辛苦和期盼终于有了回报！

11岁之前，威尔玛还是不能正常行走，她每天穿着一双特制的钉鞋练习走路。开始时，她在母亲和兄弟姐妹的帮助下一小步一小步地行走，渐渐地就能穿着钉鞋独自行走了。11岁那年的夏天，威尔玛看见几个哥哥在院子里打篮球，她一时得得入了迷，看得自己心里也痒痒的，就脱下笨重的钉鞋，赤脚去和哥哥们玩篮球。一个哥哥大叫起来："威尔玛会走路了！"那天威尔玛可开心了，赤脚在院子里走个不停，仿佛要把几年里没有走过的路全补回来似的。全家人都集中在院子里看威尔玛赤脚走路，他们觉得威尔玛走路比世界上其他任何节目都好看。

13岁那年，威尔玛决定参加中学举办的短跑比赛。学校的老师和同学都知道她得过小儿麻痹症，直到此时腿脚还不是很利索，便都好心地劝她放弃比赛。威尔玛决意要参加比赛，老师只好通知她母亲，希望母亲能好好劝劝她。然而，母亲却说："她的腿已经好了。让她参加吧，我相信她能超越自己。"事实证明母亲的话是正确的。

比赛那天，母亲也到学校为威尔玛加油。威尔玛靠着惊人的毅力一举夺得100米和200米短跑的冠军，震惊了校园，老师和同学们也对她刮目相看。从此，威尔玛爱上了短跑运动，想尽办法参加一切短跑比赛，并总能获得不错的名次。同学们不知道威尔玛曾经不太灵便的腿为什么一下子变得那么神奇，只有母亲知道女儿成功背后的艰辛。坚强而倔强的女儿为了实现比邻居家的孩子跑得还快的梦想，每天早上坚持练习短跑，直练到小腿发胀、酸痛也不放弃。

在 1956 年的奥运会上，16 岁的威尔玛参加了 4×100 米的短跑接力赛，并和队友一起获得了铜牌。1960 年，威尔玛在美国田径锦标赛上以 22 秒 9 的成绩创造了 200 米的世界纪录。在当年举行的罗马奥运会上，威尔玛迎来了她体育生涯中辉煌的巅峰。她参加了 100 米、200 米和 4×100 米接力比赛，每场必胜，接连获得了 3 块奥运金牌。

是什么力量让一个从小就左腿残疾的小孩闯过命运的低谷，并最终成长为震惊世界的田径冠军？答案就是：她不屈不挠的人生之路上闪耀着三个大字——自控力。

自控是人自觉地确定目的，并根据目的调节支配自身的行动，克服困难，去实现预定目标的心理过程，是人的主观能动性的突出表现形式。

作为一种普遍的"心智功能"，自控力是为人所熟知的东西，我们每天都能感受到它的存在。尽管不同的人对自控力的源泉，对自控力如何影响人，以及自控力的积极作用和局限性有着不同的看法，但大家都认同这样的看法：自控力本身是人类精神领域一个不可或缺的组成部分，甚至在我们每个人的生命中，自控力都发挥着超乎寻常的重要作用。

有人认为，自控力是"一种有意识的心理功能，其作用尤其体现在经过深思熟虑的行动上"。但是自控力一定是"有意识"作用的结果吗？许多看似无意识的举动，可能正是一个人自控力的体现；而另外一些脱离人的自控力指引的行为却肯定是有意识的。人的一切有意识的行动都是经过考虑的,因为即便这一行动是在瞬间做出的,思考的因素仍然在其中发生着作用。所以说,自控力是自我引导的力量。

作为一种自我引导的精神力量,自控力是引导我们成功的伟大力量。如果你拥有强大的自控力,那么你全身的能量都可以在它的召唤下聚合起来,从而实现你的成功愿望。

自控力的差异决定人的差异

人与人之间,成功者与失败者之间,弱者与强者之间,最大的差异,往往并不是能力、素质、教育等方面的差异,而是在于自控力的差异。正是因为自控力比较薄弱,才会有那么多弱者、失败者,而那些自控力强的人才是少数的成功者。

英国议员福韦尔·柏克斯顿说:"随着年龄的增长,我越来越体会到,人与人之间、弱者与强者之间、大人物与小人物之间,最大的差异就在于意志的力量,即所向无敌的决心。一个目标一旦确立,那么,不在奋斗中死亡,就要在奋斗中成功。具备了这种品质,你就能做成在这个世界上可以做的任何事情。否则,不管你具有怎样的才华,不管你身处怎样的环境,不管你拥有怎样的机遇,你都不能使一个两脚动物成为一个真正的人。"

杜邦公司创始人伊雷尔的哥哥维克多可以说是一表人才,他能说会道,仪表堂堂。他是一个交际明星,给每个人留下的第一印象都是完美的。但是熟悉他的人知道，他仅仅是个奢华浮躁的公子哥儿，没有坚强的意志力。如果派他外出考察，他回来后拿不出多少有价值的商业情报，却能绘声绘色地描述旅途中的美味佳肴和美女。伊雷尔做火药买卖时，维克多在纽约给他做代理。然而，在花天酒地的生活中，维克多挥金如土，并最终导致了公司的破产。

伊雷尔则是截然相反的人。他身材不高，相貌平平，但在学习和工作中有股百折不挠的坚韧劲。小时候在法国，家境还很宽裕的时候，他受拉瓦锡的影响，对化学着了迷。那时候他父亲皮埃尔是路易十六王朝的商业总监，兼有贵族身份，谁也想不到这个家庭在未来的法国大革命中会险遭灭顶之灾。拉瓦锡和皮埃尔谈论化学知识的时候，小伊雷尔总是稳稳当当地坐在旁边，竖起耳朵听着，他对"肥料爆炸"的事尤其感兴趣。拉瓦锡喜欢这个安安静静的孩子，并把他带到自己主管的皇家火药厂玩，教他配制当时世界上质量最好的火药。这为他将来重振家业奠定了基础。

若干年后，他们全家人逃脱法国大革命的血雨腥风，漂洋过海来到美国。他的父亲在新大陆上尝试过 7 种商业计划——倒卖土地、货运、走私黄金……全都失败了。在全家人垂头丧气的时候，年轻的伊雷尔苦苦思索着振兴家业的良策。他认识到，目前战火连绵，盗匪猖獗，从事商品流通业有很大的风险，与其这样，倒不如创办自己的实业。但是有什么可以生产的呢？这个问题萦绕在他脑海里，就连游玩时他也在想。有一天，他与美国陆军上校路易斯·特萨德到郊外打猎，他的枪哑了 3 次，而上校的枪一扣扳机就响。上校说："你应该用英国的火药粉，美国的太差劲。"

一句话使伊雷尔茅塞顿开。他想：在战乱期间，世界上最需要的不就是火药吗？在这方面，我是有优势的，向拉瓦锡学到的知识，会让我成为美国最好的火药商。后来，他就凭着百折不挠的毅力，克服了许多困难，把火药厂办了起来，办成了举世闻名的杜邦公司。

由此可见，天才、运气、机会、智慧和态度是成功的关键因素。除了机会和运气之外，上面这些因素在人生征程中的确重要。但是，仅具备一些或者所有这些因素，而没有强大的自控力，并不能保证成功。那些取得辉煌成就的人都有一个共同特征，即目标明确、不屈不挠、坚持到底、不达目的绝不罢休。

在人生的道路上，出发时装备精良的人不在少数，这些人有着过人的天资、有机会接受良好的教育、有社会地位——这一切本该使他们平步青云。但是，这些人往往一个接一个地落在了后面，被那些智力、教育和地位远不如他们的人所超越了，而那些赶超他们的人在出发时往往从未想到自己能超过这些装备如此精良的人。那么，这是为什么呢？个人自控力的差异解释了这一切。没有强大的自控力，即使有着最优秀的智力、最高深的教育和最有利的机会，那又有什么用呢？

从通俗的意义来讲，自控力的发展对于一个人的成功有举足轻重的作用。没人能够预测意志的力量到底有多大，和创造力一样，自控力根植于人类伟大的内在力量的源泉之中，这是人人都有的一种源于自我的力量。

这种坚韧不拔的毅力非常重要，如果没有坚强的自控力和顽强的毅力，在如今这个充满着各种诱惑的社会中还能有什么机会呢？想要在竞争激烈的环境中脱颖而出，就必须成为一个果敢而有坚定信念的人。

通过考察一个人的自控力,可以判断他是否拥有发展潜力,是否具备足够坚强的意志,能否坚韧地面对一切困难。而且,人们都会信任一个坚韧不拔、自控力强的人。不管他做什么事情,还没有做到一半,人们就知道他一定会赢。因为每一个认识他的人都知道,他一定会善始善终。人们知道他是一个把前进路上的绊脚石作为自己上升阶梯的人;他是一个从不惧怕失败的人;他是一个从不惧怕批评的人;他是一个永远坚持目标,永不偏航,无论面对什么样的狂风暴雨都镇定自若的人。

好好规划自己的人生之旅

人之一生,背负的东西太多太多,钱、权、名、利,都是我们想要的,一个也不想放下,压得我们喘不过气来。人生中有时我们拥有的内容太多太乱,我们的心思太复杂,我们的负荷太沉重,我们的烦恼太无绪,诱惑我们的事物太多,大大地妨碍我们,无形而深刻地损害我们。生命如舟,载不动太多的欲望,怎样使之在抵达彼岸时不在中途搁浅或沉没?我们是否该选择放下,丢掉一些不必要的包袱,那样我们的旅程也许会多一些从容与安康。

明白自己真正想要的东西是什么,并为之而奋斗,如此才不枉费这仅有一次的人生。英国哲学家伯兰特·罗素说过,动物只要吃得饱,不生病,便会觉得快乐了。人也该如此,但大多数人并不是这样。很多人忙碌于追逐事业上的成功而无暇顾及自己的生活。他们在永不停息的奔忙中忘记了生活的真正目的，忘记了什么是自己真正想要的。这样的人只会看到生活的烦琐与牵绊，而看不到生活的简单和快乐。

我们的人生要有所获得，就不能让诱惑自己的东西太多，不能让努力的方向过于分叉。我们要简化自己的人生，要学会有所放弃，要学习经常否定自己，把自己生活中和内心里的一些东西断然放弃掉。

仔细想想你的生活中有哪些诱惑因素，是什么一直干扰着你，让你的心灵不能安宁，又是什么让你坚持得太累，是什么在阻止着你的快乐。把这些让你不快乐的包袱通通扔弃。只有放弃我们人生田地和花园里的这些杂草害虫，我们才有机会同真正有益于自己的人和事亲近，才会获得适合自己的东西。我们才能在人生的土地上播下良种，致力于有价值的耕种，最终收获丰硕的粮食，在人生的花园采摘到鲜丽的花朵。

所以，仔细想想你在生活中真正想要什么？认真检查一下自己肩上的背负，看看有多少是我们实际上并不需要的，这个问题看起来很简单，但是意义深刻，它对成功目标的制定至关重要。

要得到生活中想要的一切，当然要靠努力和行动。但是，在开始行动之前，一定要搞清楚，什么才是自己真正想要的。要打发时间并不难，随便找点儿什么活动就可以应付，但是，如果这些活动的意义不是你设计的本意，那你的生活就失去了真正的意义。你能否提高自己的生活品质，并且使自己满足、有所成就，完全看你能否决定自己真正需要什么，然后能不能尽量满足这些需要。

生活中最困难的一个过程就是要搞清楚我们自己究竟想要什么。大多数人不知道自己真正想要什么，因为我们不曾花时间来思考这个问题。面对五光十色的世界和各种各样的选择我们更不知所措，所以我们会不假思索地接受别人的期望来定义个人的需要和成功，社会标准变得比我们自己特有的需求还要重要。

我们总是太在意别人的看法，以致我们下意识地接受了别人强加于我们的种种动机，结果，努力过后才发现自己的需求一样都没能满足。更复杂的是，不仅别人的意见影响着我们的欲望，我们自己的欲望本身也是变化莫测的。它们因为潜在的需要而形成，又因为不可知的力量日新月异。我们经常得到过去十分想要的，而现在却不再需要的东西。

如果有什么原因使我们总是得不到自己想要得到的东西的话，这个原因就是你并不清楚自己到底想什么。在你决定自己想要什么、需要什么之前，不要轻易下结论，一定要先做一番心灵探索，真正地了解自己，把握自己的目标。只有这样，你才能在生活中满意地前进。

目标，即人生的方向

一个连自己的人生观都还没有确定，学问道德修养都还不够的人，是没有资格直接去指点别人行为的得失。一个人没有自己的人生观，没有人生的方向，只是一味地跟着环境在转，那是人生最悲哀的事。人生有自我存在的价值，选择一个目标，也等于明确了人生的方向，这样才不至于迷失。

比塞尔是西撒哈拉沙漠中的一颗明珠，每年有数以万计的旅游者来到这里。可是在肯·莱文发现它之前，这里还是一个封闭而落后的地方。这里的人没有一个走出过大漠，据说不是他们不愿离开这块贫瘠的土地，而是尝试过很多次都没有走出去。

肯·莱文当然不相信这种说法。他用手语向这里的人问原因，结果每个人的回答都一样：从这无论向哪个方向走，最后还是转回到出发的地方。为了证实这种说法，他做了一次试验，从比塞尔村向北走，结果三天半就走了回来。

比塞尔人为什么走不出来呢？肯·莱文非常纳闷儿，最后他只得雇一个比塞尔人，让他带路，看看到底是怎么回事。他们带了半个月的水，牵了两峰骆驼，肯·莱文收起指南针等现代设备，只挂一根木棍跟在后面。

十天过去了，他们走了大约800英里的路程，第十一天早晨，果然又回到了比塞尔。

这一次肯·莱文终于明白了，比塞尔人之所以走不出大漠，是因为他们根本就不认识北斗星。在一望无际的沙漠里，一个人如果凭着感觉往前走，他会走出许多大小不一的圆圈，最后的足迹十有八九是一把卷尺的形状。比塞尔村处在浩瀚的沙漠中间，方圆上千公里没有一点儿参照物，若不认识北斗星又没有指南针，想走出沙漠，确实是不可能的。

肯·莱文在离开比塞尔时，带了一位叫阿古特尔的青年，就是上次和他合作的人。他告诉这位汉子，只要你白天休息，夜晚朝着北面那颗星走，就能走出沙漠。阿古特尔照着去做了，三天之后果然来到了大漠的边缘。阿古特尔因此成为比塞尔的开拓者，他的铜像被竖在小城的中央。铜像的底座上刻着一行字：新生活是从选定方向开始的。

一个辉煌的人生在很大程度上取决于人生的方向，个人的幸福生活也离不开方向的指引。确立人生的方向是人一生中最值得认真去做的事情。你不仅需要自我反省、向人请教"我是什么样的人"，还需要很清楚地知道"我究竟需要什么"，包括想成就什么样的事业、结交什么样的朋友、培养和保留什么样的兴趣爱好、过一种什么样的生活。这些选择是相对独立的，但却是在一个系统内的，彼此是呼应的，从而共同形成人生的方向。

闻名于世的摩西奶奶是美国弗吉尼亚州的一位农妇，76岁时因关节炎放弃农活，这时她又给了自己一个新的人生方向，开始了她梦寐以求的绘画。80岁时，到纽约举办个人画展，引起了意外的轰动。她活了101岁，一生留下绘画作品600余幅，在生命的最后一年还画了40多幅。

不仅如此，摩西奶奶的行动也影响到了日本大作家渡边淳一。渡边淳一从小就喜欢文学，可是大学毕业后，他一直在一家医院里工作，这让他感到很别扭。马上就30岁了，他不知该不该放弃那份令人讨厌却收入稳定的职业，以便从事自己喜欢的写作。于是他给闻名已久的摩西奶奶写了一封信，希望得到她的指点。摩西奶奶很感兴趣，当即给他寄了一张明信片，她在上面写下这么一句话："做你喜欢做的事，上帝会高兴地帮你打开成功之门，哪怕你现在已经80岁了。"

人生是一段旅程，方向很重要，每个人都可以掌握自己人生的方向。找到人生方向的人是最快乐的人，他们在每天的生活中体验这些，追求一种能令他们愉悦和满意的生活，他们的生活是与他们所向往的人生方向相一致的，对人生方向的追求使他们的生命更加有意义。

人生的方向也是人生的哲学。在追求自己人生方向的过程中，应不断地做出总结，这并不是说你正处于一个人生的危急关头，不得不在你未来的目标和你的职业道路之间做出一个选择，而是从一开始就给自己选定人生的方向，这才是最关键的人生问题。

做主宰自己命运的人

有这样一个故事，一个诗人听说一个年轻人想跳桥自杀，而他手里拿着的是诗人的诗集《命运扼住了我的喉咙》。诗人听说后，拿了另一本诗集，赶紧冲到桥上。诗人来到桥上，走到年轻人面前。年轻人见有人上前，便做出欲跳的姿态说道："你不要过来！你不用劝我，我是不会下来的，命运对我太不公平了。"诗人冷冷地说："我不是来劝你的，我是来取回我那本诗集的。"年轻人很疑惑。诗人说："我要将这本诗集撕碎，不再让它毒害别人的思想，我可以用我手中的这本诗集和你手中的那本交换。"年轻人犹豫了一会儿，答应了诗人的请求。年轻人接过诗人手上的那本诗集，有点儿吃惊,因为诗人手上的那本诗集的名字和原来那本如此地相似,但又是如此地不同——《我扼住了命运的喉咙》。诗人接过年轻人手中的那本诗集,对着它凝望了一会儿,便将它撕得粉碎,撕完后,诗人又说道:"当我四肢健全时,我曾多次站在你那里,但当我经历了那场车祸变成残疾后,我便再也没站在那里过。"诗人说完,用深切的目光望着年轻人。年轻人迎着诗人的目光沉思了一会儿,终于从桥上下来了。

很多时候,我们和上面这个年轻人一样,总是被身边的人和事牵绊着、主宰着,把自己的人生交给命运去处理,而忘了自己其实是自己人生的主人,我们的命运和心灵应该由自己做主。

如果说生命是一艘航船,那么我们对舵的把握程度,就决定了我们拥有怎样的人生。一个人的命运好不好,首先是自己决定的。敢于主宰和规划人生,奇迹便会不断产生。

世界上的人基本上分为两大类:一种人拥有积极乐观的人生态度,而另一种人拥有消极悲观的人生态度。不同的人生态度,决定不同的人生结果。那些积极乐观的人,总是自己掌握自己的命运之舵,从而顺利到达幸福的彼岸;而那些消极悲观的人,总是把自己的命运之舵交给别人,或者依靠所谓的命运之神,结果永远在苦海里挣扎。如果有了积极的心态,又能不断地努力奋斗,那么世上一切事情都有成功的可能。如果既没有积极的心态,又不肯好好去努力,那么将永远和幸福失之交臂。

在家长制依然广泛存在的今天,长辈们包办子女的前途似乎合情合理,就算偶有意见,被他们的"生存哲学"一训诫,子女也会立刻驯服。上好学校、找稳定的工作、结婚生孩子……很多人总是沿着既有的轨迹向前走,按着长辈们的意愿来生活,从来没想过自己也可以开创一个全新的人生。

亨利说过:"我是命运的主人,我主宰我的心灵。"做人应该做自己的主人,应该主宰自己的命运,而不能把自己交付给别人。然而,生活中许多人却不能主宰自己,有的人把自己交付给了金钱,成为金钱的奴隶;有的人为了权力,成了权力的俘虏;有的人经不住生活中各种挫折与困难的考验,把自己交给了上帝;有的人经历一次失败后便迷失了自己,向命运低头,从此一蹶不振。

一个不想改变自己命运的人,是可悲的;一个不能靠自己的能力改变命运的人,是不幸的。一个人想获得成功,必定要经过无数的考验,而一个经受不住考验的人是绝对不能干出一番大事的。很多人之所以不能成就大事,关键就在于无法激发挑战命运的勇气和决心,不善于在现实中寻找答案。古今中外的成功者,无不是凭借自己的努力奋斗,掌控命运之舟,在波峰浪谷间破浪扬帆。

每个人都要努力做命运的主人,不能任由命运摆布自己。像莫扎特、凡·高这些历史上的名人都是我们的榜样,他们生前都遭遇过许多挫折,但他们没有屈服于命运,没有向命运低头,而是向命运发起了挑战,最终战胜了命运,成为自己的主人,成了命运的主宰。

人生最重要的就是认识自己

在漫漫人生道路上，我们总是忙于追求各种利益来满足物质上的种种欲望，却忘记审视内心，想想生存的真正意义；我们也常常忙着左顾右盼地评判别人，却忘了应该先审视自身、认识自己。许多人或许从不曾真正面对过"自己"，不曾认真地审视过那个真实的"我"是什么。

相信没有人会承认自己不知道自己是谁。当我问起你是谁的时候，你一定会毫不犹豫地说出你的名字，如果我说那不过是你的名字，而真正的你是什么呢？你可能还会回答出你的思想、你的地位、你的能力、你的财产、你的观念……试图以此来描述出你自己。但是你可曾想过，我们所认为的"我"和真正的"自我"是否有差别呢？

事实上，我们根本不知道自己是谁，因为从小就被各种外在的价值观念所支配，跟着物质环境的脚步前进，不断地被外在环境奴役而不自知。仔细回想一下你会发现，我们刚出生时，头脑中本来没有知识、学问，也没有记忆，但是随着后天不断地努力和学习，渐渐地会辨别事物的名称、形象以及数量的多少。但我们所知，却并非我们自己。

有一天，一位禅师为了启发他的弟子，给了他的徒弟一块石头，让他去蔬菜市场，卖掉这块很大、很好看的石头。但师父紧接着说："不要卖掉它，只是试着去卖。注意观察，多问一些人，回来后只要告诉我在蔬菜市场它最多能卖多少钱。"于是这位弟子去了。在菜市场，许多人看着石头想：它可以做很好的小摆件，我们的孩子可以玩，或者可以把它当作称菜用的秤砣。于是他们出了价，但只不过是几个小硬币。徒弟回来后对老禅师说："这块石头最多只能卖得几个硬币。"师父说："现在你去黄金市场，问问那儿的人。但是不要卖掉它，只问问价。"从黄金市场回来后，这个弟子很高兴地说："这些人简直太棒了，他们乐意出1000元。"师父说："现在你去珠宝商那儿，问问那儿的人。但不要卖掉它，同样只是问问价。"于是徒弟去了珠宝商那儿，他们竟然愿意出5万元来买这块石头。徒弟听从师父的指示，表示不愿意卖掉石头，想不到那些商人竟继续抬高价格——出到10万元，但徒弟依旧坚持不卖。珠宝商们说："我们出20万元、30万元，只要你肯卖，你要多少我们就给你多少！"徒弟觉得这些商人简直疯了，竟然愿意花这么一大笔钱买一块毫不起眼的石头。徒弟回到寺里，师父拿着石头后对他说："现在你应该明白，我之所以让你这样做，是想要培养和锻炼你充分认识自我价值的能力和对事物的理解力。如果你是生活在蔬菜市场里的人，那么你只有那个市场的理解力，你就永远不会认识更高的价值。又或者你自己就是这块被人们不断改写价码的石头，它究竟值多少钱呢？"

我们可以反问自己，是生活在蔬菜市场、黄金市场，抑或是珠宝市场呢？在同样的一个物质世界里，我们自身的价值标准应该怎么来衡量呢？这需要我们不断地认识自己、探究真实的自己，才能更全面，更准确地把握我们成长的轨迹。

古往今来的哲学家，不断提醒人们要"认识自己"，但是古圣先哲却没有提出具体的准则,让我们知道如何行动才能获得足以支配个人命运的"自我了解"。

古希腊德尔菲的女祭司说"认识自己"时,她并非只对希腊人而说,这句话也对全人类点出了认识自己的重要性。认识自己之于个人生存,就如同食物、衣服、遮风避雨处之于肉体生存。

西塞罗也说过,"认识自己"的格言不仅旨在防止人类过度骄傲,也在于使我们了解自己的价值何在,因为只有了解了自我价值,才能更进一步走向成功。

一个人的成功并非是一蹴而就的,会遇到很多意想不到的波折。有的时候,路走不通,问题并不在别人或者事情本身。相反,可能恰恰在我们自己身上。现代人也许会发现,因为买了一些不具备实用价值的物品而令自己手头拮据;即使感觉到自己的生活出了严重的错误,也不愿意承认自己的过失。我们习惯了目光向外,习惯了先看别人再看自己,习惯了比较,习惯了自己站在高处的优越感。而我们现在需要具备的恰恰是一种反向思维,反观自己,认识真实的自己,这样才能看到问题的核心。也可以说,认识自己,是通往成功的第一步。越接近自己的内心,离成功也就越来越近了。

你给自己的定位决定你的人生

富兰克林说过:"宝贝放错了地方便是废物。人生的诀窍就是找准人生定位,定位准确能发挥你的特长。经营自己的长处能使你的人生增值，而经营自己的短处会使你的人生贬值。"如果你到现在还没有给自己准确定位的话，那么你就应该抓紧时间，坐下来分析一下自己，根据自己的特点，寻找真正适合自己的位置。只有坐在适合自己的位置上，你才能得心应手，在人生的舞台上游刃有余。

1929年，乔·吉拉德出生在美国一个贫民家庭。他从懂事起就开始擦皮鞋、做报童，然后又做过洗碗工、送货员、电炉装配工和住宅建筑承包商，等等。35岁以前，他只能算是一个失败者，朋友都弃他而去，他还欠了一身的债，连妻子、孩子的生活都成了问题，同时他还患有严重的语言缺陷——口吃，换了40多份工作仍然一事无成。为了养家糊口，他开始卖汽车，步入推销员的行列。

刚刚接触推销时，他反复对自己说："你认为自己行，就一定行。"他相信自己一定能做得到，以极大的专注和热情投入推销工作中，只要一碰到人，他就把名片递过去，不管是在街上还是在商店里。他抓住一切机会推销他的产品，同时也推销他自己。三年以后，他成为全世界最伟大的销售员。谁能想到，这样一个不被人看好，而且还背了一身债务、几乎走投无路的人，竟然能够在短短的三年内被吉尼斯世界纪录称为"世界上最伟大的推销员"。他至今还保持着销售昂贵产品的空前纪录——平均每天卖6辆汽车！他一直被欧美商界称为"能向任何人推销出任何商品"的传奇人物。

乔·吉拉德做过很多种工作，屡遭失败。最后，他把自己定位于做一名销售员，他认为自己更适合、更胜任做这项工作。事实上也的确如此，有了这个正确的定位，他最终摆脱了失败的命运，步入了成功者的行列。

可以说，你给自己定位什么，你就是什么，定位能改变人生。你可以长时间卖力工作，创意十足，聪明睿智，才华横溢，屡有洞见，甚至好运连连——可是，如果你无法在创造过程中给自己准确定位，不知道自己的方向在哪里，一切都会徒劳无功。另外，定位的高低将决定你人生的格局。

一个乞丐站在一条繁华的大街上卖钥匙链，一名商人路过，向乞丐面前的杯子里投入几枚硬币，匆匆离去。过了一会儿，商人回来取钥匙链，对乞丐说："对不起，我忘了拿钥匙链，你我毕竟都是商人。"

一晃几年过去了，这位商人参加一次高级酒会，有一位衣冠楚楚的老板向他敬酒致谢，说："我就是当初卖钥匙链的那个乞丐。"这位老板告诉商人，自己生活的改变，得益于商人的那句话。

在商人把乞丐看成商人的那一天，乞丐猛然意识到，自己不是一个乞丐，而是一个商人。于是，他的生活目标发生了很大转变，他开始倒卖一些在市场上受欢迎的小商品，在积累了一些资金后，他买下一家杂货店。由于他善于经营，现在已经是一家超级市场的老板，并且开始考虑开几家连锁店。

这个故事告诉我们，你定位于乞丐，你就是乞丐；你定位于商人，你就是商人，不同的定位成就不同的人生。可以这么说，如果定位不正确，你的人生就会像大海里的轮船失去方向一样迷茫，有时甚至会发生南辕北辙的事；而准确的人生定位，不但能帮助你找到合适的道路，更能缩短你与成功的距离；而一个高的定位，就像一股强烈的助推力，能帮助你节节攀升，开创更大的人生格局。

盲从是对人生的不负责任

相信很多人有过这样的经历：你来到一个十字路口，看到红灯亮着，此时没有车路过，尽管你清楚地知道闯红灯是违反交通规则的，但是你发现周围的人都对红灯视而不见，都在往前闯，于是你犹豫了一下，也跟着大家一起闯红灯。

比如，你经过几天几夜的思考，获得了一个自以为很好的新想法。当你把这个想法告诉一位同事，那位同事说："你错了！"你又告诉第二位同事，第二位同事还是说："你错了！"于是，你告诉自己："大家都认为我是错的，看来我的确是错了。"

再如，你与朋友们上街买衣服，在琳琅满目的衣服中挑来拣去，你选中了一件自己喜欢的衣服，但朋友们却认为这件衣服不好看，不适合你，罗列了一大堆意见。迫于他们这种"无形的意见压力"，你最终放弃了自己的意见。

你看到上面事例的共同点了吗？不错，那就是从众。

从众，其实质就是一个人因受到群体的影响，最终放弃自己的意见，转变原有的态度，采取与多数人一致的行为现象，也就是我们通常所说的"随大流"，它是引发思维定式最常见也是最主要的因素之一。从众通常表现为在认知事物、判定是非的时候，多数人怎么看、怎么说，自己就跟着怎么看、怎么说，人云亦云；多数人做什么、怎么做，自己也跟着做什么、怎么做，缺乏独立思考的能力。它是思维定式中最常见、最重要的因素之一。

思维上的"从众定式"，能使个人有一种归宿感和安全感，能够消除孤单和恐惧等有害心理，也是一种比较保守和保险的处世态度。跟随着众人，如果说得对、做得好，自然能分得一杯羹；即使说错了、做得不好也不要紧，无须自己一人承担责任，况且还有"法不治众"的习惯原则。所以，很多人愿意采取"从众"这种中庸的处世方式。

从众是人类或群体动物长期以来形成的生活方式，本来无可厚非，但有时人们的从众心理具有盲目性，见大家都参与，自己也参与，从来不问自己所参与事情的是非对错，结果往往令人啼笑皆非。

我们来看一个生活中经常碰到的例子：

有一家超市在搞优惠促销活动，于是发生了这样一个笑话：有一位老头儿，看见很多人挤着排队，认为大家一定是买什么好东西，便跟在后面排了起来。排了一个多小时，终于轮到他买了，一看每人只能买两包卫生纸，真是哭笑不得。

盲从多出现在那些不独立思考、没有主见的人身上。盲从是对人生不负责的一种表现，盲从者从不愿意挑起"思考""开创"的重任。盲从是可怕的，这时候人们的思想被"大众"所局限，意志和思想无法发挥作用，更不可能做出什么开创性的成就。

当今社会上充满了形形色色的追随者和模仿者，他们大都是盲目跟从者，总是喜欢依照他人的足迹行走，沿着他人的思路思考。他们认为,走别人走过的路可让自己省心省力,是走向成功、创造卓越人生的一条捷径。殊不知,"模仿乃是死,创造才是生"。

对任何人来说,模仿都是极愚拙的事,是创造的劲敌。它会使你的心灵枯竭,没有动力;它会阻碍你取得成功,干扰你的进一步发展,拉长你与成功的距离。职场上有这样的说法,"同样的一个创意、一条新路,第一个走的人是天才,第二个走的人是庸才,第三个走的人是蠢材",从中可见盲从者的悲哀。

盲从会使人迷失自己的前进方向。不论是工作中还是生活中,我们都习惯于走别人走过的路,我们偏执地认为走大多数人走过的路不会错,但是,我们忽略了一个重要的事实,那就是,走别人没有走过的路往往更容易成功。

走别人没有走过的路,意味着你必须面对别人不曾面对的艰难险阻,吃别人没吃过的苦,但唯有如此,你才能够发现别人不曾发现的东西,达到别人无法企及的高度。

成功者之所以能取得惊人的成绩,正是由于他们想到了别人没想到的东西,走别人没走过的路,正是这一思路支持着他们一路走来,让他们跨越障碍,直至成功。

不让别人的心态影响自己

你是否是一个有主心骨的人?你在做事时是按照自己的想法做决定,还是听从别人的话摇摆不定?你会不会因为有人说你新买的裙子太花哨而闷闷不乐一整天？你会不会因为别人说你不行就不再去努力？……很多时候，我们在通向成功的奋斗之路上常常被一些人和事所干扰，最终失去了真实的自我，在歧路上越走越远，找不到回头的路。

白云守端禅师有一次和他的师父杨岐方会禅师对坐，杨岐问："听说你从前的师父茶陵郁和尚大悟时说了一首偈，你还记得吗？"

"记得，记得。"白云答道，"那首偈是：'我有明珠一颗，久被尘劳关锁，一朝尘尽光生，照破山河万朵。'"语气中免不了有几分得意。

杨岐一听，大笑数声，一言不发地走了。

白云怔住了，不知道师父为什么笑，心里很烦，整天都在思索师父的笑，怎么也找不出师父大笑的原因。

那天晚上，他辗转反侧，怎么也睡不着，第二天实在忍不住了，大清早就去问师父为什么笑。杨岐笑得更开心，对着因失眠而眼眶发黑的弟子说："原来你还比不上一个小丑，小丑不怕人笑，你却怕人笑。"白云听了，豁然开朗。

很多时候我们就是陷入别人的评论之中而迷失了真实的自己。别人的语气、眼神、手势等都可能搅扰我们的心，使我们丧失往前迈进的勇气，甚至让我们成天沉湎在愁烦中不得解脱，在前进的道路上迷失自我。

事实上，别人怎么说、怎么做，那是别人的事情，是别人的生活态度，而你怎么说、怎么做、怎么想，才是你的生活态度。不要因为身边的一些事和人，而受到影响；不要因为别人的一句本非善意的话，而受到伤害；不要因为别人做的一些无关紧要的事情，而否定自己。

但丁说："走自己的路，让别人去说吧！"我们都有自己的生活方式、自己做人的原则，太在意别人的看法、盲从他人，便会丧失主见、失去自我，这样的人生，还有什么意义呢？我们不能如矮子观戏，人云亦云。

上帝曾把1、2、3、4、5、6、7、8、9、0十个数字摆出来，让面前的10个人去取，说道："一人只能取一个。"

人们争先恐后地拥上去，把9、8、7、6、5、4、3都抢走了。

取到2和1的人，都说自己运气不好，得到很少很少。

可是，有一个人却心甘情愿地取走了0。

有人说他傻："拿个0有什么用？"

有人笑他痴："0是什么也没有呀，要它干啥？"

这个人说："从零开始嘛！"便埋头不言，孜孜不倦地干起来。

他获得1，有0便成为10；他获得5，有0便成了50。

他一心一意地干着，一步一步地向前。

他把0加在他获得的数字后面，便十倍十倍地增加。终于，他成为非常成功的人。

其实，你的生活是你自己的，不是别人的。在这个世界里，每个人都是一道彩虹，是一道别人永远无法再次演绎的彩虹。这个世界多姿多彩，每个人都有属于自己的位置，有自己的生活方式，有自己的幸福，何必羡慕别人？放开自己，挣脱别人对我们的束缚，不要被别人的言论所左右，找到属于你自己的天空，你才能活得更洒脱，才能在充满希望的人生道路上走得更踏实。

学会控制不合理的欲望

合理、有度的欲望本是人奋发向上、努力进取的动力，但倘若欲望变质了我们就容易上当、受骗。人的欲望一旦转变为贪欲，那么在遇到诱惑时就会失去理性。

一个顾客走进一家汽车维修店，自称是某运输公司的汽车司机。她对店主说："在我的账单上多写几个零件，我回公司报销后，有你的好处。"但店主拒绝了这样的要求。顾客继续纠缠道："我的生意很大，我会常来的，这样做你肯定能赚很多钱！"店主告诉她，无论如何也不会这样做。顾客气急败坏地嚷道："谁都会这么干的，我看你真的是太傻了。"店主火了，指着那个顾客说："你给我马上离开，请你到别处谈这种生意。"谁知这时顾客竟露出微笑并紧紧握住店主的手说："我就是这家运输公司的老板，我一直在寻找一个固定的、信得过的维修店，我终于找到了，你还让我到哪里去谈这笔生意呢？"

面对诱惑不动心，不为其所惑。虽平淡如行云，质朴如流水，却让人领略到一种山高海深，让人感到放心。这样的人也是真正懂得如何生存的人。

荀子说："人生而有欲。"人生而有欲望并不等于欲望可以无度。宋学大家程颐说："一念之欲不能制，而祸流于滔天。"古往今来，因不能节制欲望，不能抗拒金钱、权力、美色的诱惑而身败名裂，甚至招至杀身之祸的人不胜枚举。诱惑能使人失去自我，这个世界有太多的诱惑，一不小心往往就会掉入陷阱。找到自我，固守做人的原则，守住心灵的防线，不被诱惑，你才能生活得安逸、自在。

1856年，亚历山大商场发生了一起盗窃案，共失窃8块金表，损失16万美元，在当时，这是相当庞大的数目。就在案子尚未侦破前，有个纽约商人到此地批货，随身携带了4万美元现金。当她到达下榻的酒店后，先办理了贵重物品的保存手续，接着将钱存进了酒店的保险柜中，随即出门去吃早餐。在咖啡厅里，她听见邻桌的人在谈论前阵子的金表失窃案，因为是一般社会新闻，这个商人并不当一回事。中午吃饭时，她又听见邻桌的人谈及此事，他们还说有人用1万美元买了两块金表，转手后即净赚3万美元，其他人纷纷投以羡慕的眼光说："如果让我遇上，不知道该有多好！"

然而，商人听到后，却怀疑地想："哪有这么好的事？"到了晚餐时间，金表的话题居然再次在她耳边响起，等到她吃完饭，回到房间后，忽然接到一个神秘的电话："你对金表有兴趣吗？老实跟你说，我知道你是做大买卖的商人，这些金表在本地并不好脱手，如果你有兴趣，我们可以商量看看，品质方面，你可以到附近的珠宝店鉴定，如何？"商人听到后，不禁怦然心动，她想这笔生意可获取的利润比一般生意优厚许多，便答应与对方会面详谈，结果以4万美元买下了传说中被盗的8块金表中的3块。

但是第二天，她拿起金表仔细观看后，却觉得有些不对劲，于是她将金表带到熟人那里鉴定，没想到鉴定的结果是，这些金表居然都是假货，全部只值几千美元而已。直到这帮骗子落网后，商人才明白,从她一进酒店存钱,这帮骗子就盯上了她,而她听到的金表话题也是他们故意安排设计的。骗子的计划是,如果第一天商人没有上当,接下来他们还会有许多花招准备诱骗她,直到她掏出钱为止。

贪婪自私的人往往鼠目寸光,所以他们只瞧见眼前的利益,看不见身边隐藏的危机,也看不见自己生活的方向。贪欲越多的人,往往生活在日益加剧的痛苦中,一旦欲望无法获得满足,他们便会失去正确的人生目标,陷入对蝇头小利的追逐。贪婪者往往自掘坟墓而不自知。我们一定要随时提醒自己,控制自己不合理的欲望,因为你的贪欲很可能让你失去一切。

第二章
专注力：聚焦全部能量，才有穿透困难的力量

整个世界好像串通好了要一致阻碍你拥有专注力。每时每刻，你忙于应付外界的各种干扰。这种情况下，若你还能取得一星半点的成就，那简直是奇迹！要想改变这种手忙脚乱四处救火的情形，你必须拥有专注力！

一生只能认真做好一件事

生活里，总是存在着这样那样的诱惑，这些诱惑扰乱了我们的思维，影响了我们的判断力。所以，如果我们要想做好一件事情，持之以恒，拒绝其他因素的诱惑、干扰，是至关重要的。

1830年，法国作家雨果同出版商签订合约，半年内交出一部作品，为了确保能把全部精力放在写作上，雨果把除了身上所穿毛衣以外的其他衣物全部锁在柜子里，把钥匙丢进了小湖。就这样，由于根本拿不到外出要穿的衣服，他彻底断了外出会友和游玩的念头，一头钻进小说里，除了吃饭与睡觉，从不离开书桌，结果作品提前两周脱稿。而这部仅用五个月时间就完成的作品，就是后来闻名于世的文学巨著《巴黎圣母院》。

许多人才华横溢，却往往因为抵抗不住外界的诱惑与干扰而与成功失之交臂。面对外界的干扰，你的抗御力决定了你成功的概率，抗御力越强，你成功的概率就越大。

鲁迅说过："如果一个人，能用十年的时间，专注于一件事，那么他一定能够成为这方面的专家。"成就大事的人都不会把精力同时集中在几件事情上，而只是关注其中之一。手里做着一件事，心里又想着另一件事，这只能让每件事情都做不好。黑格尔说："那些什么事情都想做的人，其实什么也不能做。一个人在特定的环境内，如果欲有所成，必须专注于一件事，而不分散他的精力在多方面。"是啊，人的精力是有限的，要取得事半功倍的成就，必须集中精力，一次只做一件事。

"一次只做一件事"，可以使我们静下神来，心无旁骛，一心一意地把那件事做完做好。倘若我们见异思迁，心浮气躁，什么都想抓，最终猴子掰玉米，掰一个，丢一个，到头来两手空空，一无所获。

俗话说，蚂蚁可以游遍深山老林，而两头蛇永远也走不远。专注于自己的目标，用尽全力去奋斗，我们就能品尝到生命甘甜的果实！生活的法则无数次告诉我们，那些具有非凡毅力、顽强意志的人，经过自己不懈的执着追求，终会换来成功的喜悦，也会赢得世人的尊崇。

只专注于脚下的路

我们之所以没有成功，很多时候是因为在通往成功的路上，我们没能耐得住寂寞，没有专注于脚下的路。

张艺谋的成功在很大程度上源于他对电影艺术的诚挚热爱和忘我投入。正如传记作家王斌所说的那样："超常的智慧和敏捷固然是张艺谋成功的主要因素，但惊人的勤奋和刻苦也是他成功的重要条件。"

拍《红高粱》的时候，为了表现剧情的氛围，他亲自带人去种出一块100多亩的高粱地；为了"颠轿"一场戏中轿夫们颠着轿子踏得山道尘土飞扬的镜头，张艺谋硬是让大卡车拉来十几车黄土，用筛子筛细了，撒在路上；在拍《菊豆》中杨金山溺死在大染池一场戏时，为了给摄影机找一个最好的角度，更是为了照顾演员的身体，张艺谋自告奋勇地跳进染池充当"替身"，一次不行再来一次，直到摄影师满意为止。

我们如果还在抱怨自己的命运，还在羡慕他人的成功，就需要好好反省自身了。很多时候，你可能就输在对事业的态度上。

1986年，摄影师出身的张艺谋被吴天明点将出任《老井》一片的男主角。没有任何表演经验的张艺谋接到任务，二话没说就搬到农村去了。

他剃光了头，穿上大腰裤，露出了光脊背。在太行山一个偏僻、贫穷的山村里，他与当地乡亲同吃同住，每天一起上山干活，一起下沟担水。为了使皮肤粗糙、黝黑，他每天中午光着膀子在烈日下曝晒；为了使双手变得粗糙，每次摄制组开会，他不坐板凳，而是学着农民的样子蹲在地上，用沙土搓揉手背；为了电影中的两个短镜头，他打猪食槽子连打了两个月；为了影片中那不足一分钟的背石镜头，张艺谋实实在在地背了两个月的石板，一天3块，每块150斤。

在拍摄过程中，张艺谋为了达到逼真的视觉效果，真跌真打，主动受罪。在拍"舍身护井"时，他真跳，摔得浑身酸疼；在拍"村落械斗"时，他真打，打得鼻青脸肿。更有甚者，在拍旺泉和巧英在井下那场戏时，为了找到垂死前那种奄奄一息的感觉，他硬是三天半滴水未沾、粒米未进，连滚带爬拍完了全部镜头。

在通往成功的道路上，如果你能耐得住寂寞，专注于脚下的路，目的地就在你的前方，只要努力，你一定会走到终点；如果你专注于困难，始终想不到目的地就在离你不远的前方，你永远都走不到终点！

可能在人生旅途中我们会有理想也会有很多目标，但我们从来都不知道会遇到什么困难，所以你努力地朝着终点前进，你在过程中变得更自信更坚强，最终也走到了目的地。但如果你已经预测到了，我们的旅途是何等地艰辛，它困难重重，我们千方百计地去设想、规划每个可能碰到的困难，结果我们在攻克中迷失了方向，在想的过程中目的地已经离我们太远了。

在通往成功的路上，没有平坦，没有捷径，唯有脚踏实地、一步一个脚印地前行。过程是艰辛、漫长甚至是寂寞的，但请你相信，经历过所有的这一切，胜利也就离你不远了。

专则精，精则无所不能

孔子带领学生去楚国采风。他们一行从树林中走出来，看见一位驼背老翁正在捕蝉。他拿着竹竿粘捕树上的蝉，就像在地上拾取东西一样自如。

"老先生捕蝉的技术真高超。"孔子恭敬地对老翁表示称赞后问，"您对捕蝉想必是有什么妙法吧？"

"方法肯定是有的，我练捕蝉五六个月后，在竿上垒放两粒黏丸而不掉下，蝉便很少逃脱；如垒三粒黏丸仍不落地，蝉十有八九会捕住；如能将五粒黏丸垒在竹竿上，捕蝉就会像在地上拾东西一样简单容易了。"

捕蝉老翁说到此处，捋捋胡须，开始对孔子的学生们传授经验。他说："捕蝉首先要练站功和臂力。捕蝉时身体定在那里，要像竖立的树桩那样纹丝不动；竹竿从胳膊上伸出去，要像控制树枝一样不颤抖。另外，注意力高度集中，无论天大地广，万物繁多，在我心里只有蝉的翅膀，专心致志，神情专一。精神到了这番境界，捕起蝉来，还能不手到擒来、得心应手吗？"

大家听完驼背老翁捕蝉的经验之谈，无不感慨万分。孔子对身边的弟子深有感触地说："神情专注，专心致志，才能出神入化、得心应手。捕蝉老翁讲的可是做人做事的大道理啊！"

驼背老翁捕蝉的故事向我们昭示了一个真理：摒弃浮躁心态，专心致志，心无旁骛，才能又快又好地达到目标。

老子在《道德经》中告诫人们，"致虚极，守静笃"是一种修为的方法。道家时常用到"清"与"虚"两个字，"清"形容境界，"虚"象征境界的空灵，二者异曲同工。"致"是做到、达到的意思，"致虚极"，是要空到极点。"守静笃"讲的是功夫、作用，要专一坚持地守住。

禅宗黄龙禅师用几句形容词解读了这句话，即"如灵猫捕鼠，目睛不瞬，四足据地，诸根顺向，首尾直立，拟无不中"。意思是，一只精灵异常的猫等着要抓老鼠，四只脚蹲在地上，头端正，尾巴直竖起来，两只锐利的眼珠直盯即将到手的猎物，聚精会神，动也不动，随时伺机一跃，给予致命的一击。这个形容告诉我们，做事时必须精神集中，心无旁骛，方能成功。

自古众生皆有大智慧，小到一草一木、一猫一蛇，都能将老子"致虚极，守静笃"的六字箴言贯彻得极为彻底。除了灵猫之外，人们十分熟悉的母鸡也是如此。无论发生了什么，母鸡都能专心致志守着自己的蛋，真正是泰山崩于前而面不改色。

很多人在做事情时，经常左顾右盼、三心二意，这样距离成功还有很长一段路，因为你的心不能专心到一处，你太容易为了这些琐碎之事分散精力，等到处理完琐事之后再回到初始目标时，又会浪费许多时间去收心，如此三番两次，时间都浪费掉，人生的大目标也就渐渐地成了不可企及的事。与灵猫、母鸡这些动物的专一相比，很多人实在缺少笃定之心。

鲁迅说过："如果一个人，能用十年的时间，专注于一件事，那么他一定能够成为这方面的专家。"成就大事的人不会把精力同时集中在几件事情上，而只是关注其中之一。手里做着一件事，心里又想着另一件事，只能让每件事情都做不好。黑格尔认为，那些什么事情都想做的人，其实什么也不能做。一个人在特定的环境内，如果欲有所成，必须专注于一件事，而不分散他的精力在多方面。当一个人把所有的精力都集中到一点时，就很少存在不能解决的事情，也没有什么突破不了的难关。这个问题解决了，"触类旁通"的事情也会发生，与问题有关联的其他事情也能迎刃而解。可见，专注无论在搞研究、做学术还是生活、事业中，都有极为重要的意义。

古希腊著名演说家戴摩西尼年轻时为了提高自己的演说能力，躲在一个地下室练习口才。由于耐不住寂寞，他时不时就想出去溜达溜达，心总也静不下来，练习的效果很差。无奈之下，他横下心,挥动剪刀把自己的头发剪去一半,变成了一个怪模怪样的"阴阳头"。这样一来,因为头发羞于见人,他只得彻底打消了出去玩的念头,一心一意地练口才,演讲水平突飞猛进。正是凭着这种专心执着的精神,戴摩西尼最终成为世界闻名的大演说家。

生活中,专注不是一种枯燥的实践。很多因专注而成功的人,他们就像小朋友搭积木,拆了做,做了拆,其乐无穷,乐在其中。辛劳惯了的农民,让他闲上三五天,他便心里发慌,不如在田里勤苦开心;作家爬格子苦不堪言,但如果一天不看书,不动笔,便会觉得魂不守舍。大抵各行当专注其事的人都如此。当你决定做一件事时,它便是你的生命,为它受苦正是人生的乐事。

做一行爱一行,乐在其中便是专注。因为有乐趣,专注便顺理成章。曹操之于权谋,李白之于诗酒,还有法国拿破仑之于战争与冒险,毕加索之于绘画,这些人专注其中,既完成自己的事业,也得到娱乐。

正如李清照所说:"专则精,精则无所不能。"当你能全身心投入其中的时候,成功就不远了。

用心而不散乱,聚精而不分心

有一次,罗丹和他的一位奥地利朋友一起来到工作室。在那间有着大窗户的简朴的屋子里,有完成的雕像,有许许多多小塑样：一只胳膊，一只手，有的只是一只手指或者指节，有他已动工而搁下的雕像，堆着草图的桌子。这间屋子是罗丹一生不断地追求与劳作的地方。

罗丹罩上了粗布工作衫，就好像变成了一个工人。他在一个台架前停下。

"这是我的近作。"他说着，把湿布揭开，现出一座女正身像。

"这已完工了吧？"朋友说道。

罗丹退后一步，仔细看着。但是在审视片刻之后，他低语了一句："这肩上线条还是太粗。对不起……"

他拿起刮刀、木刀片轻轻滑过软和的黏土，给肌肉一种更柔美的光泽。他健壮的手动起来了，他的眼睛闪耀着。"还有那里……还有那里……"他又修改了一下。他把台架转过来，含糊地吐着奇异的喉音。他时而高兴得眼睛发亮，时而苦恼地蹙着双眉。他捏好小块的黏土，粘在雕像身上，刮开一些。

罗丹已经完全融入自己的雕塑世界，外界的一切好像已经对他失去了任何意义。这样过了半点钟，一点钟……他没有再向他的奥地利朋友说过一句话。他忘掉了一切，除了他要创造的更崇高的形体的意象。他专注于他的工作，犹如在创世之初的上帝。

最后，带着喟叹，他扔下刮刀，像一个男子把披肩披到他情人肩上那样温存地把湿布蒙上女正身像。他转身要走，在他快走到门口时，他看见了朋友。他凝视着，就在那时他才记起，他显然为他的失礼感到惊惶："对不起，先生，我完全把你忘记了，可是你知道……"

朋友握着他的手，感谢地紧握着。也许他已领悟朋友所感受到的，因为在他们走出屋子时他微笑了，用手抚着朋友的肩头。

罗丹正是出于对自己工作的热爱、完全的投入以及一种对自己负责的使命感，才得以在人类的美术史上留下浓重的一笔，他成为继米开朗琪罗之后雕塑史上的又一座高峰。

综观世间学有专长之人，都是能够用心专一，全力投入的人。柏杨先生便是其中之一，据柏杨先生的妻子张香华女士所说，近十年牢狱生活，柏杨先生所住的"囚室内只有一支悬在天花板上的日光灯"，柏杨先生在这样的情况下，不停地著作，完成了《中国人史纲》《中国帝王皇后亲王公主世系录》和《中国历史年表》三本历史研究丛书。柏杨先生即使在如此恶劣的环境之下，仍然坚持他的创作，无疑已经将他所有的精力都投入他的写作事业之中，同时，他因为"光线微弱，过度辛劳和营养不良"，而严重地损坏了眼睛。

即便如此，"柏杨案上永远堆积着做不完的工作"。如此地全心投入，使柏杨先生收获颇丰，他的一位朋友曾经想要请他列出全部著作的名单，但这位多产的人自己也记不清楚到底有多少本作品了。柏杨先生让我们见证了"世上就怕'认真'二字"这一道理。

明代莲池大师在《竹窗随笔》中说道：宋代书法家米芾说过，学习书法必须专一于书法，不要再有其他爱好分心，方能有成就。与此类似的是，古代善于弹琴的人，也说必须专攻两三支曲子，方能进入精妙的境界。这里说的虽是小事，但也可以借喻大的方面。把心集中在一个地方，就没有办不到的事。

佛教主张勤勉精进，对于任何事情都要有一种专注认真的态度,这样才能提升自我,进入佛境。人生只有一次,而且时光短暂易逝,没有比这仅有一次的人生更加值得我们去认真对待的了。不管我们的人生发生什么事情,遇到什么样的人,我们都应该认认真真、专专心心地对待我们生命中的每一分、每一秒,力求将其做到最好。

玛丽是一家大型建筑公司的设计师,常常要跑工地,看现场,还要修改工程的细节。这份工作是异常辛苦的,但她仍然认认真真地去做,毫无怨言。

虽然她是设计部唯一的女性,但她从不因此逃避重体力的工作。该到野外,她就勇往直前;该爬楼梯,就是几十层她也从不畏缩。玛丽对这样的工作从不感到委屈,反而挺自豪。

有一次,上司安排她为客户做一个可行性的设计方案,时间只有三天,接到任务后,玛丽看完现场就开始工作了。三天时间里,她都在一种异常兴奋的状态下度过。

在这期间,她食不甘味,寝不安枕,满脑子都想着如何把这个方案弄好。她到处查资料,虚心向别人请教。三天后,她带着满眼的血丝把设计方案交给了上司,并得到了肯定。因工作认真,玛丽很快得到提升了,薪水也随之翻了三番。

后来,上司告诉她:"我知道给你的时间很紧张,但我们必须尽快把设计方案做出来。如果当初你因此推掉这个工作,我可能会把你辞掉。你表现得非常出色,我最欣赏你这样认真工作的人!"

卡耐基说:"一般人只投入 25% 的精力和能力在工作上;愿意在工作上投入 50% 以上能力的人,是值得全世界人脱帽致敬的;

至于100%投入工作的人，可以说，在这个世界上找不出几个。"从这番话中，我们可以看出，认真专注工作的人是相当可贵的。

专注是我们对生活、对人生的一种态度，一个懂得事事都认真的人，一定是一个热爱生活且懂得生活的人。斯蒂芬·茨威格说过："一切艺术与伟业的奥妙就在于专注，那是一种精力的高度集中，把易于弥散的意志贯注于一件事情的本领。"一个人如果能做到除了追求完整意志之外把一切都忘掉，把自己完全沉浸于对自我的提升之中，那他就是一个天才，他就能在求知的路上走得更远。

人生不只需要"家事国事天下事，事事关心"，更多的时候需要有"两耳不闻窗外事，一心只读圣贤书"的专注精神。

专心一意，必能补拙

有这样一个人，他从小文科成绩都是红字连篇。他的读写速度很慢，英文课需要阅读经典名著时，只能从漫画版本下手，以求低空过关。他常常说："我的脑袋里有想法，但是却没有办法将它写出来。"后来，医生诊断他患有识字障碍。之后他凭借优异的数理成绩，进入美国名校斯坦福大学就读。他发现商业课程对他而言比较容易，于是他选择主修经济，在英文及法文仍然不及格的同时，全力投注于商学领域，获得工商管理学学位。毕业时，他向叔叔借了10万美元，想自己创业。他于1974年在旧金山创立的公司，如今已是世界五百强企业，拥有26万多名员工。

他就是施瓦布，嘉信理财的董事长兼首席执行官。现在，施瓦布的读写能力仍然不佳，他阅读时必须念出来才行，有时候一本书要看六七次才能理解，写字时也必须以口述的方式，借助电脑软件完成。

一个先天学习能力不足的人，何以能成就一番事业？施瓦布的答案是：由于学习上的障碍，让他比别人更懂得专注和用功。

"我不会同时想着18个不同的点子，我只专注于某些领域，并且用心钻研。"他说。这种"一次只做一件事"的专注态度，也体现在嘉信27年的历史中。当其他金融服务公司将顾客锁定于富裕的投资者时，嘉信推出平价服务，专心耕耘一般大众的投资市场，终于开花结果。之后随着科技的进步及顾客的成长，嘉信于每个时期都有专心投注的目标。它许多阶段的努力成果，成为业界模仿的对象，在金融业立下一个个里程碑。

因此，无论做任何事，专心致志地完成自己已锁定的目标，才是成事之道。任何在某一事业上有所成就的人不一定都是智慧高超的人，但都是对自己所做的每一件事情极其专注的人！的确，成功源于专注。唐太宗李世民就说过："这世上最可怕的武器不是切金断玉的宝刀，而是一个人坚定不移的信念。如果一群人拥有一个共同的信念，而去专注一件事，则可以主宰一切，也可以摧毁一切！"

陈寅恪作为中国近现代史上著名的国学大师，在历史学、古典文学、语言学等方面都卓有建树，其知识面之广令人赞叹不已。但陈寅恪强调自己虽然涉及的领域较多，但在学习时最主要的是做到专心一意，他说人在同一个时间只能做好一件事情，我们也只有将有限的时间和精力都投入一件事情上才能将这件事情做到最好。在做一件事情的同时又做另一件事情的结果则只能是两件事情都做不好，学习容不得半点马虎，只有做到专心一意，才能事半功倍。

俗话常说在做事情时，"一心不可二用"。孔子说"术业有专攻"，意思就是说各行各业都有自己的"门道"，之所以需要专攻是因为人的时间和精力都是有限的，为了把一件事情做到最好就需要我们集中力量，做到一心一意。

人一生的时间和精力都是极其有限的，如果我们想成就一件事情，就必须将自己仅有的时间和精力集中地投入一件事情中去，对于学习来说更是如此。只有一心一意地去做，才能获得渊博的知识。

哪里有专注，哪里才会有思考和记忆。专注是认知和智力活动的门户。没有专注，我们可能一事无成。有位专家说：注意力是学习的窗口，没有它，知识的阳光就照射不进来。功课学不好，可能与注意力不稳定、不集中以及分配不合理有关。所以，即使你天资平平，只要你专心一意，你仍然能够笨鸟先飞，记住：成功属于每一个专注的人！

专注于一件事，更要专注于细节

在荷兰，有一个刚初中毕业的青年农民，来到一个小镇，找到了一份替镇政府看门的工作。他在这个门卫的岗位一直工作了60多年，他一生没有离开过这个小镇，也没有再换过工作。

也许是工作太清闲，他又太年轻，他得打发时间。他选择了又费时又费工的打磨镜片当自己的业余爱好。就这样，他磨呀磨，一磨就是60多年。他是那样地专注和细致，锲而不舍，他的技术已经超过专业技师了，他磨出的复合镜片的放大倍数，比专业技师的都要高。借着他研磨的镜片，他终于发现了当时科技尚未知晓的另一个广阔的世界——微生物世界。从此，他声名大振，只有初中文化的他，被授予了他看来是高深莫测的巴黎科学院院士的头衔。就连英国女王都到小镇拜会过他。

创造这个奇迹的小人物，就是科学史上鼎鼎大名的、活了90岁的荷兰科学家万·列文虎克。他专注地把手中的每一个玻璃片磨好，专注于每一个镜片的细节之处，终于他在细节里看到了他的上帝，科学也在他的细节里看到了自己更广阔的前景。那些成就非凡的大人物总是于细微之处用心、于细微之处着力，这样日积月累，才能渐入佳境，出神入化。

看过杂技的人都知道，台上的每一个演员在表演时必须专注于每一个跳跃，每一次翻转，正是这种细节处的绝对精准才保证了节目成功。在竞争日益激烈、残酷的今天，任何细微的东西都可能成为"成大事"或者"乱大谋"的决定性因素。不要让细节成为身体里的那个"癌细胞"。

而对细节的精准要求，意味着我们要成为生活中的有心人，那些在生活中创造奇迹的人都是能够以一种专注状态做事的人。

有一位年轻人，在一家石油公司里谋到一份工作，任务是检查石油罐盖焊接好没有。这是公司里最简单枯燥的工作，凡是有出息的人都不愿意干这件事。这位年轻人也觉得天天看一个个铁盖太没有意思了。他找到主管，要求调换工作。可是主管说："不行，别的工作你干不好。"年轻人只好回到焊接机旁，继续检查那些油罐盖上的焊接圈。既然好工作轮不到自己，那就先把这份枯燥无味的工作做好吧！

从此，年轻人沉下心，仔细观察焊接的全过程。他发现，焊接好一个石油罐盖，共用39滴焊接剂。为什么一定要用39滴呢？少用一滴行不行？在这位年轻人以前，已经有许多人干过这份工作，从来没有人想过这个问题。这个年轻人不但想了，而且认真测算试验。结果发现，焊接好一个石油罐盖，只需38滴焊接剂就足够了。年轻人在最没有机会施展才华的工作上，找到了用武之地。他非常兴奋，立刻为节省一滴焊接剂而努力工作。原有的自动焊接机，是为每罐消耗39滴焊接剂专门设计的，用旧的焊接机，无法实现每罐减少一滴焊接剂的目标。年轻人决定研制新的焊接机。经过无数次尝试，他终于研制成功了"38滴型"焊接机。使用这种新型焊接机，每焊接一个罐盖可节省一滴焊接剂。积少成多，一年下来，这位年轻人竟为公司节省开支5万美元。一个每年能创造5万美元价值的人，就是从细节处迈开了成功的第一步。

就像每一棵大树都是由许多树根、树叶以及枝干而组成，成功也是由无数细节组成。成功者与一般人的最大区别往往体现在对细节的精益求精中。泰国的东方饭店堪称亚洲之最，客房天天爆满，不提前一个月预定是很难有机会入住的。东方饭店的经营如此成功正是因为他们在经营上注重服务的每一个细节。

米莉·杨因生意关系需要经常去泰国，第一次她下榻的酒店是号称亚洲之最的东方饭店，而且感觉很不错。第二次入住时，她对饭店的好感迅速升级。原因很简单，第二天清晨，她去餐厅吃早饭时，楼层服务生恭敬地问道："杨女士是要用早餐吗？"米莉·杨很奇怪，反问："你怎么知道我姓杨？"服务生说："我们饭店有规定，晚上要背熟所有客人的姓名。"这令米莉·杨大吃一惊，因为她住过世界各地无数高级酒店，但这种情况还是第一次碰到。米莉·杨走进餐厅，服务小姐微笑着问："杨女士还要老位子吗？"米莉·杨更吃惊了，心想尽管不是第一次在这里吃饭，但最近的一次也有一年多了，难道这里的服务员记忆力这么好？看到她吃惊的样子，服务员主动解释说："我刚刚查过电脑记录，您在去年的6月8日，在靠近第二个窗口的位子上用过早餐。"米莉·杨听后兴奋地说："老位子！老位子！"服务员接着问："老菜单，一个三明治、一杯咖啡、一个鸡蛋？"米莉·杨已不再惊讶了："老菜单，就要老菜单。"

米莉·杨就餐时餐厅赠送了一碟小菜，由于这种小菜是米莉·杨第一次看到，就问："这是什么？"服务生退两步说："这是我们特有的小菜。"服务生为什么要先后退两步呢？原来他是怕自己说话时口水不小心溅在客人的食物上。这种细致的服务不要说在一般酒店，就是在美国最好的饭店里米莉·杨都没有见过。

后来米莉·杨两年没有再到泰国，但她在生日那天，突然收到一封东方饭店的生日贺卡，并附了一封信，信上说东方饭店的全体员工十分想念她，希望能再次见到她。米莉·杨激动得热泪盈眶，发誓再到泰国，一定要住东方饭店，并且要说服所有的朋友像她一样选择东方饭店。

这就是东方饭店的成功秘诀。东方饭店在经营上的确没有什么创新之处，他们采取的仍然是惯用的传统办法：提供人性化的优质服务。只不过，在别人仅局限于达到规定的服务水准就停滞不前时，他们却进一步挖掘，抓住大量别人未在意的不起眼的细节并将其做到极致。

专注的艺术是精准的艺术。在生活的每一次行动中都坚持不懈专注于每一处细节，并延伸到方方面面，落实到点点滴滴，让专注的精准度发挥到极致，我们便可看见细节背后的宽广天地。

拒绝不必要的打扰

迈克是一家保险公司的业务员，有一天，他和客户约好在一家茶楼里谈业务，他用尽浑身解数给这位客户介绍了业务内容，但是这位客户好像诚意不太大，心不在焉地喝可乐，好像根本就没有听进去。

迈克知道他是搞电脑硬件销售的，而迈克在大学学的就是电脑，他就转移话题大谈当今电脑硬件在市场上遇到的普遍问题。结果把对方的兴趣提了上来，最后两个人约定下个星期再见面，正式签单。

迈克非常兴奋，到了那天，早早地就准备好了一切相关的材料，然而这时他的手机响了，是他的主管说有个多年没有联系上的大学同学要来，让迈克帮忙去机场接一下机，而主管自己却没有时间。

迈克觉得这是主管交代的事，自己应该帮忙，再说时间还早，于是他就答应了。

由于堵车，等他从机场回来，客户早就走了，痛失了一单千辛万苦才谈下来的保单。

有一些人每天都忙忙碌碌，但他们并没有做出什么成绩，这是为什么呢？其中有一个很重要的原因就是他们不懂得拒绝，大事小事全包，不分先后，不知道做好协调，只要别人一开口，他们就会忙前忙后地忘了更重要的事情，弄得丢了西瓜专拣芝麻。迈克就是这类人中的一个典型代表。

如果你不会说"不"，不会拒绝别人的话，那么你将为自己招来很多的事，这样你就无法专注于自己的要事。一个人的时间是有限的，而且你也有自己的本职工作，因此，你应该学会说"不"，将主要精力放在自己认为最重要的事情上。

学会拒绝才能专注于要事。人的精力是有限的，一次只能做好一件事，无论做什么事情，我们首先要清楚自己最重要的事情是什么，然后排除一切干扰，集中精力做好这些事情。

然而对于许多人来说，拒绝别人的要求似乎是一件难上加难的事情。拒绝的技巧是一项非常重要的沟通能力。在决定你该不该答应对方的要求时，应该先问问自己"我想要做什么""不想要做什么"或是"什么对我才是最好的"。一个做事目的性强的人要懂得说"不"的艺术。

拒绝是保障自己行事优先次序的最有效手段。下面我们列出几条拒绝别人的技巧，供你参考：

（1）要耐心倾听请托者所提出的要求。

（2）如你无法当场决定接纳或拒绝请托，则要明确地告诉请托者你要考虑的时间到底有多长。

（3）拒绝接纳请托应显示你对请托者之请托已给予慎重的考虑，并显示你已充分了解到请托者事项的重要性。

（4）拒绝接纳请托在表情上应和颜悦色。

（5）拒绝接纳请托者应显露坚定的态度。

（6）拒绝接纳请托者最好能对请托者表明拒绝的理由。

（7）要令请托者了解你所拒绝的是他的请托，而不是他本身。

（8）拒绝接纳请托之后，如有可能你应为请托者提供处理其请托事项的其他可行途径。

（9）切忌通过第三者拒绝某一个人之请托，因为一旦这么做，不仅足以显示你的懦弱，而且请托者会认为你不够诚意。

对很多人来讲，拒绝别人不是一件很容易的事，但是一个人要想全身心地专注于某一件事，就必须学会拒绝影响目标的诱惑，如果你不会拒绝，那总有无穷无尽的小事来缠绕你，使你被束缚在没完没了的外来事件中，这样一来，浪费了时间，牺牲了专注，最终只能一事无成。所以，要学会拒绝，以保证自己能专注于要事。

过简朴生活，全心专注于自己的事业

两次获得诺贝尔奖的居里夫人一直过着简朴的生活。她和彼埃尔·居里结婚时的新房里，只有两把椅子，正好一人一把。居里觉得两把椅子未免太少，建议多添几把，为的是来了客人好让人家坐一坐。居里夫人却说："有椅子是好的，可是，客人坐下来就不走啦。为了多一点时间搞科学，还是一把不添吧。"

几度春秋之后，这对没有给自己的新房增添一把椅子的年轻夫妇，却给世界化学宝库增添了两件闪闪发光的稀世珍宝——钋和镭。

从1933年起，居里夫人的年薪已增至4万法郎，但她照样"吝啬"。她每次从国外回来，总要带回一些宴会上的菜单，因为这些菜单都是很厚很好的纸片，在背面书写物理、数学算式，方便极了。她的一件毛料旅行衣，竟穿了一二十年之久。有人说居里夫人一直到死"总像一个匆忙的贫穷妇人"。

有一次，一位美国记者追踪这位著名学者，走到村子里一座渔家房舍门前，他向赤足坐在门口石板上的一位妇女打听居里夫人，当她抬起头时，记者大吃一惊：原来她就是居里夫人！

居里夫人就是这么朴实无华，同时也是这么光荣伟大。她始终如一的简朴生活让她能够持续地专注于自己的事业，从而获得事业的伟大成功。伟大的人总是这样淡泊名利，专注于事业，而一个奢侈成风、沉湎于奢华享受的人是很难有所作为的。因为当一个人把精力放在吃穿用度上，想的全是如何过奢靡的生活时，就很容易"玩物丧志"，你要知道，你把精力投放于香车宝马上时，你损失的不仅是金钱，还有时间。

　　成功的人不少，但是能够将成功的果实持续保持下去的人却不是很多。所谓"创业容易守业难"，随着生活条件的改变，便有人把注意力放在了享受上，贪图安逸、竞相攀比，在他们一掷千金的背后是空虚的心灵，无所事事的结果带来的当然是败业，"由俭入奢易，由奢入俭难"，一旦养成了奢侈的生活习惯再想返璞归真，就是难上加难。记住，每当你把别人用在事业上的时间花在吃喝玩乐、穿衣打扮上时，你多花一分钱，你付出的就是十倍百倍于别人的代价。

　　古罗马皇帝在临终时，给罗马人留下这样一句遗言："勤奋工作，简单生活。"当时，他的周围聚满了士兵。罗马人有两条伟大的箴言，那就是"勤奋"与"功绩"，这也是罗马人征服世界的秘诀。那时，任何一个从战场上胜利归来的将军都要走向田间。那时在罗马，最受人尊敬的工作就是农业生产。正是全体罗马人的勤奋，终于使这个国家逐渐变得富强。但是，当财富和奴隶慢慢增多时，罗马人开始觉得劳动变得不再重要了，于是，他们忘记了那句朴实的真理，把精力投在了享乐与竞相攀比上，结果导致罪犯增多、腐败滋生，这个国家开始走向衰败，一个伟大的帝国就这样消失了。

历史经验告诉我们，一个人要成功，专注必不可少，简朴的生活更是不可或缺。

以100%的努力做1%的事

通用电气前首席执行官杰克·韦尔奇说过："干事业并不依靠过人的智慧，关键在于你能否全心投入，并且不怕辛苦。实际上，经营一家企业不是一项脑力工作，而是一项体力工作。"事实证明，一个人能够在工作中创造出怎样的成绩，关键不在于这个人的能力是否卓越，也不在于外界的环境是否优越，而在于他是否竭尽全力去工作。一个人只要竭尽全力去工作，即使他所从事的只是简单平凡的工作，即使他的能力并不突出，即使外界条件并不优越，他仍然可以在工作中创造出骄人的成绩。

24岁的海军军官卡特，应召去见海曼·乔治·里科弗将军。在谈话中，将军非常特别地让他挑选任何他愿意谈的题目。

当他好好发挥完之后，将军总问他一些问题，结果每每将他问得直冒冷汗。终于他明白，他自认为懂得很多，其实懂得很少。

结束谈话时，将军问他在海军学校学习成绩怎样，他立即自豪地说："将军，在820人的一个班中，我名列59名。"

将军皱了皱眉头，问："你竭尽全力了吗？"

"没有，"他坦率地说，"我并不总是竭尽全力的。"

"为什么不竭尽全力呢？"将军大声质问，瞪了他许久。

此话如当头棒喝，给卡特以终生的影响。此后，他事事竭尽全力，后来成为美国总统。

为什么你不是第一名？是不是因为你还没有拿出所有的热情来全力以赴？在我们的工作中，学历和能力并不一定是最重要的，如果你不全力以赴地投入工作，就无法在职场中取得优异的成绩。

一个人无论从事何种职业，都应该全心全意、尽职尽责，这不仅是工作的原则，也是人生的原则。很多人工作没有做好，遭到老板批评还一副委屈的模样："我已经尽力了啊！"殊不知，做任何事情要想获得好的结果，就不能仅仅做得差不多就行，而必须全力以赴才行。

比利时有一出著名的基督受难舞台剧，演员辛齐格几年如一日在剧中扮演受难的耶稣，他高超的演技与忘我的境界常常让观众不觉得是在看演出，而似乎真的看到了台上再生的耶稣。

一天，一对远道而来的夫妇在演出结束之后来到后台，他们想见见扮演耶稣的演员辛齐格，并与之合影留念。

合完影后，丈夫一回头看见了靠在旁边的巨大的木头十字架，这正是辛齐格在舞台上背负的那个道具。

丈夫一时兴起，对一旁的妻子说："你帮我照一张背负十字架的相吧。"

于是，他走过去，想把十字架拿起来放到自己背上，但他费尽了全力，十字架仍纹丝未动。这时他才发现，那个十字架根本不是道具，而是一个真正橡木做成的沉重的十字架。

在使尽了全力之后，那位先生不得不气喘吁吁地放弃。他站起身，一边抹去额头上的汗水，一边对辛齐格说："道具不是假的吗,你为什么要每天都扛着这么重的东西演出呢?"

辛齐格说:"如果感觉不到十字架的重量,我就演不好这个角色。在舞台上扮演耶稣是我的职业,和道具没有关系。"

成功的人都是全力以赴做事的人。如果我们在工作中无论做什么事都追求尽善尽美,不给自己丝毫松懈的余地,那么无论我们做什么工作,身陷怎样的困境,处于怎样的平凡岗位,都能在最短的时间内获得成长和发展。一个人如果能够全力以赴,那么再艰难的任务也能很好地完成;如果做不到全力以赴,即便是最简单的任务也做不好。成功者都是全力以赴做事的人。

第三章
意志力：能坚持到最后的人，才是真正的赢家

你从不缺乏亲手实现梦想的力量，只缺少咬紧牙关挺过黑暗时光的坚持！世界上有80%的失败源于半途而废。人生关键处常常只有几步，自律也是。越到最后，越关键。有时候人生拼到最后，拼的不是运气和聪明，而是意志力。

意志力是成功的向导

奥里森·马登说:"一生的成败,全在于意志力的强弱。具有坚强意志力的人,遇到任何艰难障碍,都能克服困难,消除障碍。但意志薄弱的人,一遇到挫折,便退缩,最终归于失败。实际生活中有许多青年,他们很希望上进,但是意志薄弱,没有坚强的决心,没有破釜沉舟的信念,一遇挫折,立即后退,所以终遭失败。"

人类的意志力具有某种神秘的力量。它本是为人所熟知的东西,我们每天都能感受到它的存在。我们每个人都或多或少要受自己意志力的影响。

一个人若能自觉修炼和提升自己的意志力,他将获得无比巨大的力量。这种力量不仅能够完全地控制一个人的精神世界,而且能够引导人的心智达到前所未有的高度——此时,一个人从未设想能拥有的智能、天赋或能力都变成了现实。所有那些人们长久以来都无法看见的东西其实就存在于人的自身,而这把能够开启洞察力和征服力的能量之门的神奇钥匙就是意志力。

正如爱默生告诉我们的:"只有当人和他的意志相互沟通,融为一体时,这个世界才有驱动力。"

作为一种自我引导的精神力量,意志力是引导我们成功的伟大力量。如果你拥有强大的意志力,那么你全身的能量都可以在它的召唤下聚合起来,从而实现你的成功。

赫伯特·斯宾塞在 76 岁的时候完成了他的巨著的第十卷,世界上很少有什么成就能超过耗尽一生创作出这样的宏伟作品。斯宾塞在写作过程中经历了无数挫折,尤其是在健康状况很差的情况下,他仍然朝着既定的目标努力工作,直到成功。

卡莱尔写作《法国革命史》时的不幸遭遇,已经广为人知。他把手稿的第一卷借给了邻居,让他先睹为快。这位邻居看了以后随手一放,结果被女仆拿去引火用了。这是一个很大的打击,但卡莱尔并未泄气,他又花费了几个月的心血,将这份已经被付之一炬的手稿重写了一遍。

博物学家奥杜邦带着他的枪支和笔记本,用了两年时间在美洲丛林里搜寻各种鸟类,画下它们的形状。这一切完成后,他把资料都封存在一个看来很安全的箱子里,就去度假了。度假结束,他回到家中后,打开箱子一看,发现里面居然成了鼠窝,他辛辛苦苦画的图画被破坏殆尽。这真是一个沉重的打击。然而奥杜邦二话不说,拿起枪支、笔记,第二次进了丛林,重新一张一张地画,甚至比第一次画得还好。

一切伟大作家之所以能够成名,都有赖于他们的坚韧不拔。他们的作品并不是借着天才的灵感一蹴而就的,而是经过精心细致的雕琢,直到最后把一切不完美的痕迹都除掉,才能够表现得那么高贵典雅。

卢梭认为,自己那种流畅典雅的写作风格主要得益于不断地修改和润色。维吉尔的《埃涅伊特》用了 11 年时间才完成。霍桑、爱默生这些大作家的笔记,确实可以让我们一窥伟大作品背后的艰苦劳动,他们准备一本书要用上几年心血,而我们不用 1 个小时就可以把它读完。孟德斯鸠写作《论法的精神》用了20年，而我们用60分钟就可以把它读完。亚当·斯密写作《国富论》用了10年。古代雅典悲剧作家欧里庇德斯曾经受到对手的嘲笑，说他3天只能写出3行字，而那人却能写几百行。"你3天写的几百行是不会被人记住的，而我的3行却会永久流传。"欧里庇德斯回答道。

意大利诗人阿里奥斯托尝试了16种不同的形式写作他的《暴风雨》，而写作《疯狂的奥兰多》用了他整整10年时间，尽管这本定价仅为15便士（英国货币单位）的书只卖出了100本。柏克的《与一位贵族的通信》算得上文学史上恢宏庄严的一部作品。在校样的时候，柏克做了十分认真细致的修改，以致最后稿样到了出版商手里时，已经面目全非了；印刷工人甚至拒绝校正，于是全部重新排版印刷。亚当·塔克为了写作他的那部名著《自然之光》，也用了18年时间。梭罗创作的新英格兰牧歌《康科德河和梅里马克河上的一星期》完全没有引起人的注意，虽然总共才印了1000册，最后却有700册退还给了作者。梭罗在日记里写道："我的图书馆藏书一共有900本，其中700本是我自己写的。"虽然这样，他却依然笔耕不辍，锐气不减。

持之以恒是所有成就伟业者的共同特征。他们可能在其他方面有所欠缺，可能有许多缺点和古怪之处，但是对一个成功者来说，持之以恒的个性则是必备的。不管遇到多少反对，不管遭到多少挫折，成功者总会坚持下去。辛苦的工作不能使他作罢，阻碍不能使他气馁，劳动不能使他感到厌倦。无论身边来去的是什么东西，他总是坚持不懈。这是他天性的一部分，就像他无法停止呼吸一样，他也永不会放弃。

金钱、职位和权势,都无法与卓越的精神力量和坚韧的品质相比较。

不管你的工作是什么,都要以一种顽强的决心坚持下去。咬紧牙关,对自己说:"我能行。"让"坚持目标、矢志不渝"成为你的座右铭。当你内心听到这句话时,就会像战马听到军号一样有效。

"坚持下去,直到结果的出现。"卡莱尔说,"在所有的战斗中,如果你坚持下去,每一个战士都能靠着他的坚持而获得成功。从总体上来说,坚持和力量完全是一回事。"

每一点进步都来之不易,任何伟大的成就也不是唾手可得的。许多著名作家的一生,就是坚定执着、顽强拼搏的一生。对于想成就一番事业的人来说,意志力是最好的助推器。谁能不停止一次又一次的尝试、打击和收获,谁就能一次又一次地走向成功。

耐得住寂寞是成功的前提

这是一个在中国地图上找不到的小岛,但历史上西方列强曾七次从这一海域入侵京津。在这个小岛上驻守着雷达某旅九站官兵。这个雷达站新一代海岛雷达兵在艰苦寂寞、气候恶劣的自然环境中,用青春和汗水铸起了一道天网。

近年来,连队雷达情报优质率始终保持100%,先后20多次圆满完成中俄联合军事演习等重大任务,被誉为京津门户上空永不沉睡的"忠诚哨兵"。

这个雷达站80%的官兵是80后,70%的官兵来自城镇、经济发达地区和农村富裕家庭,50%的官兵拥有大中专以上学历。尽管如此,这些新一代军人仍然能够像当年的"老海岛"一样,吃大苦、做奉献、打硬仗。

风平浪静时,小岛十分美丽,初进海岛的官兵都会感到神清气爽。可不出一个星期,无法言喻的孤独和寂寞就会悄然爬上心头。白天兵看兵,晚上听海风。值班时,盯着枯燥的雷达屏幕看天外目标;休息时,围着电视机看外面的世界。除了连队的文体活动场所外,小岛上没有任何可供官兵休闲娱乐的去处。每当有客船来岛,听到进港的汽笛声,没有值班任务的官兵,就会欢呼雀跃地拉起平板车跑向码头,去接捎给连队的货物,顺便看上一眼岛外来人的陌生面孔,呼吸几口船舱带来的岛外空气。孤岛上的寂寞,连祖祖辈辈生活在这里的渔民都发出这样的感慨:"初来小海岛,心境比天高;常住小海岛,不如死了好。"

多年来,60多名战士从当兵到复员没有出过岛,守住了孤独,守住了寂寞。目前,九站已连续12年保持先进,年年被评为军事训练一级单位,先后两次被军区空军评为基层建设标兵连队,荣立集体二等功、三等功各一次。

"论至德者不和于俗,成大功者不谋于众",从侧面阐明的正是这个意思:至高无上之道德者,是不附和俗人的意见的;而成就大业者往往是不与众人商议的。这话乍听起来似乎有悖于历史唯物主义,但细细想来,也不无道理。"头悬梁锥刺股"也好,"孟母三迁""凿壁偷光"也好,大都说的是,成就大业者在其创业初期,都是能耐得住寂寞的,古今中外,概莫能外。门捷列夫的化学周期表的诞生,居里夫人镭元素的发现,陈景润在哥德巴赫猜想中摘取的桂冠等,都是在寂寞中扎扎实实做学问,在反反复复的冷静思索和数次实践后才得以成功的。

耐得住寂寞是一个人的品质,不是与生俱来,也不是一成不变,它需要长期的艰苦磨炼和凝重的自我修养、完善。耐得住寂寞是一种有价值、有意义的积累,而耐不住寂寞往往是对宝贵人生的挥霍。

一个人的生活中有可能会有这样那样的挫折,但只要你有一颗耐得住寂寞的心,用心去对看待与守望,成功一定会属于你。

有人说,守得住寂寞是一种悲壮的美丽,是呼唤理性的天籁,是人生珍贵的箴言。这说明:一是守得住寂寞者的这种气度与修养,这种克制与坚守,这种信念与定力,正受着新的形势和环境的挑战。二是告诫人们,成功往往只与那些守得住寂寞的人交朋友,浮躁是事业的大敌。

沉住气,成大器

随着CPI(消费物价指数)上涨、房价暴涨、股市暴跌,在我们的心灵深处,总有一种力量使我们茫然不安,让我们无法宁静,这种力量叫浮躁。"浮躁"在字典里解释为:"急躁,不沉稳。"

浮躁常常表现为：心浮气躁，心神不宁；自寻烦恼，喜怒无常；见异思迁，盲动冒险；患得患失，不安分守己；这山望着那山高，既要鱼也要熊掌；静不下心来，耐不住寂寞，稍不如意就轻易放弃，从来不肯为一件事倾尽全力。

随着经济发展如浪潮般步步攀高，这种浮躁的气息在社会中蔓延，几乎触及了参与其中的每一个人：某些官员领导急功近利，大搞不切实际的形象工程；演员不苦练基本功，借助绯闻来炒作自己；商人不一心一意经营自己的产业，却去炒股、炒房；学生不专心念书，妄想通过不相干的社会活动增加综合测评分数或通过考试作弊拿到高分；还有的人做事具有很强的目的性，处世具有很强的功利性。很多人想成功，却总是被成功拒之门外。

有一个人叫小付，他看到有人要将一块木板钉在树上，便走过去管闲事，想要帮那个人一把。小付对那人说："你应该先把木板头子锯掉再钉上去。"于是，小付找来锯子，但没锯两三下又撒手了，想把锯子磨快些。于是他又去找锉刀，接着又发现必须先在锉刀上安一个顺手的手柄。于是，他又去灌木丛中寻找小树，可砍树又得先磨快斧头……

后来人们发现，小付无论学什么都是半途而废。小付从未获得过什么学位，他所受过的教育也始终没有用武之地，但他的祖辈为他留下了一些钱。他拿出10万元投资办一家煤气厂，可造煤气所需的煤炭价钱昂贵，这使他大为亏本。于是，他以9万元的售价把煤气厂转让出去，开办起煤矿来。可又不走运，因为采矿机械的耗资大得吓人。因此，小付把在矿里拥有的股份变卖了8万元，转入了煤矿机器制造业。从那以后，他便像一个滑冰者，在有关的各种工业部门中滑进滑出。

正如小付困惑的那样，为什么自己付出那么多，终究一事无成呢？答案很简单，小付总是这山望着那山高，急于追求更高的目标，而不是在一个既定的目标上下功夫。要知道，摩天大厦也是从打地基开始的。小付这种浮躁的心态只能导致两手空空。

很多人在做事情的时候不能静下心来扎扎实实地从基础开始，总是觉得踏踏实实地做事情的方法很笨，于是做什么事情都求快，想以最小的付出获得最大的利益，浮躁的心态让人不会专注地做一件事情，所以也就很难成功。在人生的牌局中，要想赢牌，浮躁是最大的敌人。

《士兵突击》中，许三多显然是一个"异类"，他不明白做人做事为什么要如此复杂，一切投机取巧、偷奸耍滑的世故做法，他都做不来，或者根本就没有想过。他有的只是本性的憨厚与刻入骨髓的执着。他做每一件小事都像抓住一根救命稻草一样，投入自己所有的能量和智慧，把事情做到最好，他这样做并不是为了得到旁人的赞赏与关注，只是因为这是有意义的。他面对困难从来不说"放弃"，而是默默地承受，慢慢地解决，毫无抱怨，绝不气馁。当一个又一个问题被他以执着的劲头解决之后，他俨然成长为一个强者。他不会面对诱惑放弃忠诚，当老A部队的队长向他发出邀请时，许三多用一句"我是钢七连的第4956个兵"做出了态度鲜明的回答。

"许三多"已成为家喻户晓的人物形象，他被定格为一种沉稳、踏实的文化符号，成为"浮躁"的反义词。毛主席曾经教导我们说："世界上怕就怕'认真'二字。"如果我们能安下心来认真做一件事情，就没有做不好的。很多人开始做事情时会满腔热血，但慢慢地这种热情会消退，最后就会被完全放弃。是什么原因让那么多人半途而废呢？是急于求成、不愿直面困难的浮躁心理。很多人好高骛远，总是急于看到事情的结果，而不能忍受事情完成的过程，当他们觉得这些事情没有意义时，于是选择了放弃。

古往今来，那些成大器者，无不是沉稳、干练、能够耐得住寂寞的人。

在当今中国市场经济的大背景下，许多人能按捺不住自己一颗烦躁的心，守不住自己可贵的孤独与寂寞，变得越发盲目和急功近利。浮躁是一种情绪，一种并不可取的生活态度。人浮躁了，会终日处在又忙又烦的状态中，脾气会暴躁，神经会紧绷，长久下来，会被生活的急流所裹挟。凡成事者，要心存高远，更要脚踏实地，这个道理并不难懂。

踏实、沉稳、心平气和、不急不躁，抛开浮躁的心态，从身边的小事做起，脚踏实地地坚持，坚韧不拔地努力，我们才有可能达成人生的目标，走到成功的那一步。

纵观现实生活，灯红酒绿，歌舞升平，可谓热闹非凡。但生活终将归于平静，每个人也将归于平淡。耐得住寂寞，平淡对待得失，冷眼看尽繁华，在人生的历练中，是一种气度与志向。但愿"守得住寂寞"不只是当下的一句警世通言，更是每个人的自觉行为。

有一种成功叫锲而不舍

德国伟大诗人歌德在《浮士德》中说:"始终坚持不懈的人,最终必然能够成功。"人生的较量就是意志与智慧的较量,轻言放弃的人注定不是成功的人。

约翰尼·卡许早就有一个梦想——当一名歌手。参军后,他买了自己有生以来的第一把吉他。他开始自学弹吉他,并练习唱歌,他甚至创作了一些歌曲。服役期满后,他开始努力工作以实现当一名歌手的夙愿,可他没能马上成功。没人请他唱歌,就连电台唱片音乐书目广播员的职位他也没能得到。他只得靠挨家挨户推销各种生活用品维持生计,不过他还是坚持练唱。他组织了一个小型的歌唱小组在各个教堂、小镇上巡回演出,为歌迷们演唱。最后,他灌制的一张唱片奠定了他音乐工作的基础。他吸引了两万名以上的歌迷,金钱、荣誉随之而来,他获得了成功。

接着,卡许经受了第二次考验。经过几年的巡回演出,他被那些狂热的歌迷拖垮了,晚上须服安眠药才能入睡,而且要吃些"兴奋剂"来维持第二天的精神状态。他沾染上了一些恶习——酗酒、服用催眠镇静药和刺激兴奋性药物。他的恶习日渐严重,以致对自己失去了控制能力。他不是出现在舞台上,而是更多地出现在监狱里。

一天早晨,当他从佐治亚州的一所监狱刑满出狱时,一位行政司法长官对他说:"约翰尼·卡许,我今天要把你的钱和麻醉药都还给你，因为你比别人更明白你能充分自由地选择自己想干的事。看，这就是你的钱和药片，你现在就把这些药片扔掉吧，否则，你就去麻醉自己，毁灭自己。你选择吧！"

卡许选择了生活。他又一次对自己的能力做了肯定，深信自己能再次成功。他回到纳什维利，并找到他的私人医生。医生不太相信他，认为他很难改掉服麻醉药的坏毛病，医生告诉他："戒毒瘾比找上帝还难。"他并没有被医生的话吓倒，他知道"上帝"就在他心中，他决心"找到上帝"，尽管这在别人看来几乎不可能。他开始了他的第二次奋斗。他把自己锁在卧室闭门不出，一心一意要根绝毒瘾，为此他忍受了巨大的痛苦，经常做噩梦。后来在回忆这段往事时，他说，他总是觉得昏昏沉沉，好像身体里有许多玻璃球在膨胀，突然一声爆响，只觉得全身布满了玻璃碎片。当时摆在他面前的，一边是麻醉药的引诱，另一边是他奋斗目标的召唤，结果后者占了上风。9个星期以后，他恢复到原来的样子了，睡觉不再做噩梦。他努力实现自己的计划，几个月后，他重返舞台，再次引吭高歌。他不停息地奋斗，终于再一次成为超级歌星。

卡许的成功源于什么？很简单——坚持。

一个人身处困境之中，不自强永远也不会有出头之日，仅仅一时的自强而不能长期坚持，也不会走上成功之路。因此，坚持不懈地自强，才是扭转命运的根本力量。

古希腊哲人苏格拉底说："许多赛跑者的失败，都是失败在最后几步。跑应跑的路已经不容易，跑到尽头当然更困难。"一个人的成功往往来自自己内心的一份坚持，虽然每个人的境遇完全不同，可是他们都没有放弃自己内心的追求！这一点点坚持使他们在竞争中成为真正的赢家！

低谷时不放弃，在寂寞中悄然突破

曼德拉因为领导反对白人种族隔离的政策而入狱，白人统治者把他关在荒凉的大西洋小岛罗本岛上27年。当时曼德拉年事已高，但看守他的狱警依然像对待年轻犯人一样对他进行残酷的虐待。

罗本岛上布满岩石，到处是海豹、蛇和其他动物。曼德拉被关在总集中营一个锌皮房里，白天打石头，将采石场的大石块碎成石料。他有时要下到冰冷的海水里捞海带，有时干采石灰的活儿——每天早晨排队到采石场，然后被解开脚镣，在一个很大的石灰石场里，用尖镐和铁锹挖石灰石。因为曼德拉是要犯，看管他的看守就有三个人。他们对他并不友好，总是找各种理由虐待他。

1991年，曼德拉出狱当选总统以后，他在就职典礼上的一个举动震惊了整个世界。

总统就职仪式开始后，曼德拉起身致辞，欢迎来宾。他依次介绍了来自世界各国的政要，然后他说，能接待这么多尊贵的客人，他深感荣幸，但他最高兴的是，当初在罗本岛监狱看守他的三名狱警也能到场。随即他邀请他们起身，并把他们介绍给大家。

曼德拉的博大胸襟和宽容精神，令那些残酷虐待了他27年的白人汗颜，也让所有到场的人肃然起敬。看着年迈的曼德拉缓缓站起，恭敬地向三个曾看管他的看守致敬，在场的所有来宾甚至整个世界，都静下来了。

后来，曼德拉向朋友们解释说，自己年轻时性子很急，脾气暴躁，正是狱中生活使他学会了控制情绪，因此才活了下来。牢狱岁月给了他时间与激励，也使他学会了如何处理自己遭遇的痛苦。他说，感恩与宽容常常源自痛苦与磨难，必须通过极强的毅力来训练。

获释当天，他的心情平静："当我迈过通往自由的监狱大门时，我已经清楚，自己若不能把悲痛与怨恨留在身后，那么我其实仍在狱中。"

没错，面对生活中的磨难，如果不能以豁达的心胸面对，那么我们只能一直生活在痛苦当中。在生活中，很多人不能放下心中的痛苦，他们觉得是命运的薄待，让他们感受到了诸多痛苦。所以，他们愤恨，他们抱怨，甚至还想到报复。

可是，即便是我们把心中的痛苦都发泄出来，我们仍然没办法减轻自己心中的痛苦，因为我们不曾放下。所以，与其让别人加入我们的痛苦，不如我们自己释怀，看淡得失。

人生之中，难免会经历这样或那样的波折。面对生活中的痛苦，如果一味沉浸在对命运的抱怨中，那么我们看到的只能是漫无天际的悲观和失望，可是如果保持一颗豁达的心，即使是在人生的风雪里，也只会当成风景来观赏。

坚守寂寞，坚持梦想

当你面对人类的一切伟大成就的时候，你是否想到过，那些创造者为了这一切而经历过无数寂寞的日夜，他们不得不选择与寂寞结伴而行，有了此时的寂寞，才能达到自己苦苦追求的目标。

很多时候成功不是一蹴而就的，要经过很多磨难，每个人无论如何都不能丢弃自己的梦想。执着于自己的目标和理想，把自己开拓的事业做下去。

肯德基创办人桑德斯在山区的矿工家庭中长大，家里很穷，他也没受什么教育。他在换了很多工作之后，开始经营一个小餐馆。不幸的是，由于公路改道，他的餐馆必须关门，关门则意味着他将失业，而此时他已经65岁了。

也许他只能在痛苦和悲伤中度过余生了，但他拒绝接受这种命运。他要为自己的生命负责，相信自己仍能有所成就。可是他是个一无所有、只能靠政府救济的老人，他没有学历和文凭，没有资金，没有什么朋友可以帮他，他应该怎么做呢？他想起了小时候母亲炸鸡的特别方法，他觉得这种方法一定可以推广。

经过不断尝试和改进之后，他开始四处推销这种炸鸡的经销权。在遭到无数次拒绝之后，他终于在盐湖城卖出了第一个经销权，结果大受欢迎，他成功了。

65岁时还遭受失败而破产，不得不靠救济金生活，在80岁时却成为世界闻名的杰出人物。桑德斯没有因为年龄太大而放弃自己的梦想，经过数年拼搏，终于获得了巨大的成功。如今，肯德基的快餐店在世界各地都是一道风景。

很多时候，在日常生活、工作中我们必须在寂寞中度过，没有任何选择。这就是现实，有嘈杂就有安静，有欢声笑语就有寂静悄然。

既然如此，你逃脱不掉寂寞的影子，为什么非要与寂寞抗争？寂寞并非坏事，寂寞让你有时间梳理躁动的心情，寂寞让你有机会审视所作所为，寂寞让你站在情感的外圈探究感情世界的课题，寂寞让你向成功的彼岸挪动脚步，所以，寂寞不光是可怕的孤独。

寂寞是一种力量，而且无比强大。事业成就者的秘密有许多，生活悠闲者的诀窍也有许多。但是，他们有一个共同的特点，那就是耐得住寂寞。谁耐得住寂寞，谁就有宁静的心情；谁有宁静的心情，谁就水到渠成；谁水到渠成谁就会有收获。山川草木无不含情，沧海桑田无不蕴理，天地万物无不藏美，那是它们在寂寞之后带给人们的享受。所以，耐住寂寞之士，何愁做不成想做的事情。有许多人过高地估计自己的毅力，其实他们没有跟寂寞认真地较量过。

我们常说，做什么事情需要坚持，只要奋力坚持下来，就会成功。这里的坚持是什么？就是寂寞。每天循规蹈矩地做一件事情，心便生厌，这也是耐不住寂寞的一种表现。

如果有一天，当寂寞紧紧地拴住你，哪怕一年半载，为了自己的追求不得不与寂寞搭肩并进的时候，心中没有那份失落，没有那份孤寂，没有那份被抛弃的感觉，才能证明你的毅力坚强。

人生不可能总是前呼后拥，人生在世难免要面对寂寞。寂寞是一条波澜不惊的小溪，它甚至掀不起一个浪花，然而它却孕育着可能成为飞瀑的希望，渗透着奔向大海的理想。坚守寂寞，坚持梦想，那朵盛开的花朵就是你盼望已久的成功。

不懈追求才能羽化成蝶

　　成功贵在坚持，要取得成功就要坚持不懈地努力，很多人的成功，也是饱尝了许多次的失败之后得到的，我们经常说什么"失败乃成功之母"，成功诚然是对失败的奖赏，但却也是对坚持者的奖赏。

　　古往今来，那些成功者们不都是依靠坚持而取得成就的吗？

　　被鲁迅誉为"史家之绝唱，无韵之离骚"的《史记》，其作者司马迁，享誉千古的文学大师，可是他取得这么大的成就是在什么情况下呢？

　　汉武帝为了一时的不快阉割了堂堂的大丈夫，那是多么大的耻辱啊，而且这给他带来的身心伤害是多么地大！从此，他只能在四处不通风的炎热潮湿的小屋里生活，不能见风，不能再无畏地欣赏太阳、花草，换一个人，简直就活不下去了。

　　司马迁也想过死，对于当时的他来说，死是最容易的解脱方法了。可是他心中始终有一个梦想，他的梦想就是写一部历史的典籍，把过去的事记下来，传诸后世，为了这个梦，他坚持了下来，坚持着忍受了身体的痛苦，坚持着忍受了别人歧视的目光，继续撰写《史记》，终于完成了这部光辉著作。

他靠的是什么？只有两个字：坚持。如果他在遭受了宫刑以后，丧失一切斗志，那么我们现在就再也看不到这本巨著，吸收不了他的思想精华。所以他的成功，他的胜利，最主要的还是靠坚持。

外国名作家杰克·伦敦的成功也是建立在坚持之上的。就像他笔下的人物"马丁·伊登"一样，坚持坚持再坚持，他抓住自己的一切时间，坚持把好的字句抄在纸片上，有的插在镜子缝里，有的别在晒衣绳上，有的放在衣袋里，以便随时记诵。所以他成功了，他的作品被翻译成多国文字，我们的书店中他的作品被放在显眼的位置，赫然在目。当然，他所付出的代价也比其他人多好几倍，甚至几十倍。成功是他坚持的结果。

功到自然成。成功之前难免有失败，然而只要能克服困难，坚持不懈地努力，那么，成功就在眼前。

石头是很硬的，水是很柔软的，然而柔软的水却穿透了坚硬的石头，这其中的原因无他，唯坚持而已。我们在黑暗中摸索，有时需要很长时间才能找寻到通往光明的道路。以勇敢者的气魄，坚定而自信地对自己说，我们不能放弃，一定要坚持。也只有坚持，才能让我们冲破禁锢的蚕茧，最终化成美丽的蝴蝶。

再长的路，一步一步总能走完；再短的路，不去迈开双脚将永远无法到达。再多一点努力，多一点坚持，你会惊奇地发现，空气里到处都穿行着绚烂的成功之花。

面对诱惑时懂得坚持

传说中,西西里岛附近海域有一座塞壬岛,长着鹰的翅膀的塞壬女妖日日夜夜唱着动人的魔歌引诱过往的船只。在古希腊神话中,特洛伊战争的英雄奥得修斯路过塞壬女妖居住的海岛。之前早就听说女妖善于用美妙的歌声勾人魂魄,而登陆的人总是要死亡。奥得修斯嘱咐同伴们用蜡封住耳朵,免得他们被女妖的歌声所诱惑,而他自己却没有塞住耳朵,他想听听女妖的声音到底有多美。为了防止意外发生,他让同伴们把自己绑在桅杆上,并告诉他们千万不要在中途给他松绑,而且他越是央求,他们要把他绑得越紧。

果然,船行到中途时,奥得修斯看到几个衣着华丽的美女翩翩而来,她们声音如莺歌燕啼,婉转跌宕,动人心弦。听着这美妙的歌声,奥得修斯心中顿时燃起熊熊烈火,他急于奔向她们,大声喊着让同伴们放他下来。但同伴们根本听不见他在说什么,他们仍然在奋力向前划船。有一位叫欧律罗科斯的同伴看到了他的挣扎,知道他此刻正在遭受着诱惑的煎熬,于是走上前,把他绑得更紧。就这样,他们终于顺利通过了女妖居住的海岛。

这是一个很熟悉的传说,不过它正在越来越多地被运用到情商(EQ)上作为自制能力成功的正面范例。越来越多的例子证明,能够耐得住寂寞的人比较容易成功。哈佛大学心理学家丹尼尔·戈尔曼的《情商》一书,把情绪智力(也称情商)定义为"能认识自己和他人的感觉,自我激励,以及很好地控制自己在人际交往中的情绪的能力"。情商分为五种情绪能力和社会能力:自知、移情、自律、自强和社交技巧。自知,意味着知道自己当前的感受。因为我们整天都忙忙碌碌,所以就无暇顾及反省和自知。一个人的自我形象与其在他人眼中的形象越一致,他的人际关系就越成功。情商的第二个组成部分(移情),能培养我们的同情心和无私精神,并能带来合作。情商的第三部分是控制自己情绪的能力。情商高的人能更好地从人生的挫折和低潮中恢复过来。第四部分是自强。自强的人能够很好地控制情绪,不靠冲击或刺激就能采取行动。最后,社交技巧指的是通过与他人友好地交流来掌握人际关系的能力。一个高智商的人,完全可以与一个低智商但有着高水平交往技巧的人很好地合作。

戈尔曼和研究人员针对4岁小孩子成长过程中对诱惑的控制来说明抵制诱惑、强烈自制的重要性,以及和个人成功的关系。调查表明,那些在4岁时能以坚忍换得第二颗软糖的孩子常成为适应性较强、冒险精神较强、比较受人喜欢、比较自信、比较独立的少年;而那些在早年经不起软糖诱惑的孩子则更可能成为孤僻、易受挫、固执的少年,他们往往屈从于压力并逃避挑战。对这些孩子分两级进行学术能力倾向测试的结果表明,那些在软糖实验中坚持时间较长的孩子的平均得分高达210分。研究还发现,那些能够为获得更多的软糖而等待得更久的孩子要比那些缺乏耐心的孩子更容易获得成功,他们的学习成绩要相对好一些。在后来的几十年的跟踪观察中发现,有耐心的孩子在事业上的表现也较为出色。

在一粒芝麻与一个西瓜之间,你一定明白什么是明智的选择。如果某种诱惑能满足你当前的需要,但却会妨碍达到更大的成功或长久的幸福,那就请你屏神静气,站稳立场,耐得住寂寞。一个人是这样,一个企业、一个社会也是这样。

具备坚强的意志和高度的自控能力,能抵制住通往成功道路上的一切诱惑,是取得最后胜利的必要条件。因为诱惑分散了人的精力,腐蚀了人的意志,让人误入歧途,迷失了方向。

大收获必须付出长久努力

成功永远只属于辛劳的人,有恒心不易变动的人,能坚持到底、绝不轻言放弃的人。

耐性与恒心是实现目标过程中不可缺少的条件,是发挥潜能的必要因素。耐性、恒心与追求结合之后,形成了百折不挠的巨大力量。

一位青年问著名的小提琴家格拉迪尼:"你用了多长时间学琴?"格拉迪尼回答:"20年,每天12小时。"

我们与大千世界相比,或许微不足道,不为人知,但是我们能够耐心地增长自己的学识和能力,当我们成熟的那一刻、一展所能的那一刻,将会有惊人的成就。正如布尔沃所说的:"恒心与忍耐力是征服者的灵魂,它是人类反抗命运、个人反抗世界、灵魂反抗物质的最有力支持。从社会的角度看，考虑到它对种族问题和社会制度的影响，其重要性无论怎样强调也不为过。"

拥有耐力和恒心，虽然不一定能使我们事事成功，但却绝不会令我们事事失败。古巴比伦富翁拥有恒久的财富秘诀之一，便是保持足够的耐心，坚定发财的意志，所以他才有能力建设自己的家园。任何成就都源于持久不懈的努力，要把人生看作一场持久的马拉松。整个过程虽然很漫长、很劳累，但在挥洒汗水的时候，我们已经慢慢接近了成功的终点。半路放弃，我们就必须找到新的起点，否则我们只会更加迷失，可是如果能坚持原路行进，终点不会弃我们而去。也许，我们每个人的心里都有一个执着的愿望，只是一不小心把它丢失在了时间的蹉跎里，让天下间最容易的事变成了最难的事。然而，天下事最难的不过 1/10，能做成的有 9/10。要想成就大事大业的人，尤其要有恒心来成就它，要以坚韧不拔的毅力、百折不挠的精神、排除纷繁复杂的耐性、坚贞不变的气质，作为涵养恒心的要素，去实现人生的目标。

人生像一场马拉松赛跑，有耐力能支撑到最后的就是成功者，中途脱队倒下都不行。只要我们有恒心达到目标，比别人慢没有关系，到终点时一样会有人为我们鼓掌。

第四章

掌控习惯：如何养成好习惯并戒除坏习惯

习惯是一种顽强而巨大的力量，它可以主宰人生。只要培养出良好的习惯并在实践中运用，发挥出自己巨大的潜能，你就能从平凡走向卓越。成功者之所以成功，不是因为他们有着多么高的天赋和超常的才能，而是因为他们有着良好的习惯。

习惯的力量无比大

　　习惯的力量是巨大的。1873年，美国发明家克利斯托弗发明了世界上第一台打字机，键盘完全是按照英文字母的顺序排列的。慢慢地，他发现打字的速度一旦加快，键槌就很容易被卡住。他的弟弟给他出了一个主意，建议他把常用字的键符分开布局，这样每次击键的时候，键槌就不会因为连续击打同一块区域而卡死。经过这样不规则的排列后，卡键的次数果然大大减少，但同时打字速度也减慢了。在推销打字机的时候，在利润的驱动下，克利斯托弗对客户说，这样的排列可以大大提高打字速度，结果所有人都相信了他的说法。现在，人们已经习惯了这样的键盘布局，并始终认为这的确能提高打字速度。

　　国外一些数学家经过研究得出结论，目前的排列是最笨拙的一种，凭借目前的技术已经解决了卡键问题，可现在出现第二种排列的键盘似乎不太可能，因为人们都习惯了。在强大的习惯面前，科学有时也会变得束手无策。

　　说起来你可能不信，一根矮矮的柱子，一条细细的链子，竟能拴住一头重达千斤的大象，可这令人难以置信的景象在印度和泰国随处可见。原来那些驯象人在大象还是小象的时候，就用一条铁链把它绑在柱子上。由于力量尚未长成，无论小象怎样挣扎都无法摆脱锁链的束缚，于是小象渐渐地习惯了而不再挣扎，直到长成了庞然大物,虽然它此时可以轻而易举地挣脱链子,但是大象依然选择了放弃挣扎,因为在它的惯性思维里,它仍然认为摆脱链子是永远不可能的。

小象是被实实在在的链子绑住的,而大象则是被看不见的习惯绑住的。

可见,习惯虽小,却影响深远。习惯对我们的生活有绝对的影响,因为它是一贯的。在不知不觉中,习惯经年累月地影响着我们的品德,决定我们思维和行为的方式,左右着我们的成败。看看我们自己,看看我们周围,好习惯造就了多少辉煌成果,而坏习惯又毁掉了多少美好的人生!习惯一旦形成,就极具稳定性。生理上的习惯左右着我们的行为方式,决定我们的生活起居;心理上的习惯左右着我们的思维方式,决定我们的待人接物。当我们的命运面临抉择时,是习惯帮我们做的决定。

习惯能成就一个人,也能摧毁一个人

有一个猎人,他在一次打猎中捡到一只老鹰蛋,回到家里,他把老鹰蛋和母鸡正在孵的鸡蛋放在一起。

没过多久,小鹰和小鸡一起出世了。在母鸡的照顾下,小鹰很开心地和小鸡们生活在一起。

小鹰当然不知道自己是一只鹰,它和小鸡们一样学习鸡的各种生存本领。母鸡也不知道它是一只鹰,母鸡像教育其他小鸡那样教育小鹰。这只小鹰一直按照鸡的习惯生活。

在它们生活的地方,不时有老鹰从空中飞过。每当老鹰飞过时,小鹰就说:"在天空飞翔多好啊,有一天我也要那样飞起来。"

听它这么说,母鸡每次都要提醒它:"别做梦了,你只是一只小鸡!"

其他小鸡也一起附和:"你只是一只鸡,你不可能飞那么高!"

被提醒的次数多了,小鹰终于相信它永远不可能飞那么高。小鹰再看到老鹰飞过时,它便主动提醒自己:"我是一只小鸡,我不可能飞那么高。"

就这样,这只鹰到死那一天也没有飞翔过——虽然它拥有翱翔蓝天的翅膀和体格。

可见,习惯虽小,却影响深远。你可以遍数名载史册的成功人士,哪一个人没有几个可圈可点的习惯在影响着他们的人生轨迹呢?当然,习惯人人都有,我们的惰性和惯性会使我们不止一次地重复某些事情,而经常反复地做也就成了习惯,比如爱笑的习惯、吝啬的习惯,甚至于饭前洗手的习惯,等等。习惯有大有小,有好有坏,林林总总。

事物总是一分为二,凡事都有其两面性。习惯也是一样,有正面就有负面。正面的是好习惯,好习惯有助于我们的成功;而负面的是坏习惯,坏习惯则导致我们的失败。

例如,礼貌是一种好习惯,走到哪里都能够彬彬有礼、以礼相待的人一定会深受欢迎,拥有这种习惯的人则容易成功;相反,失礼就是一种坏习惯。

微笑是一种习惯,可以预先消除许多不必要的怨气,化解许多不必要的争执，而老是板着面孔的人走到哪里都会制造紧张气氛。

所以说，习惯决定命运。习惯是通往成功的最实际的保证，习惯也是通向失败的最直接的通道。

卓越是一种习惯，平庸也是一种习惯

在我们的工作和生活中，有很多效率低下的例子。例如有些人只知道一味地例行公事，而不顾做事的实际效果；他们总是采取一种被动的、机械的工作方式。在这种状态下工作的人，往往缺乏主观能动性和创造性，在工作中不思进取、敷衍塞责，总是为自己找借口，无休止地拖延……

另外，我们也可以看到很多做事高效的例子。例如有些人做起事来注重目标，注重程序，他们在工作中往往采取一种主动而积极的方式。他们工作起来对目标和结果负责，做事有主见，善于创造性地开展工作；工作中出现困难的时候会积极地寻找办法，勇于承担责任，无论做什么总是会给自己的上司一个满意的答复。

举一个例子来说吧，某公司的一位售后人员接到服务单，客户要装一台打印机，但服务单上没有注明是否要配插线，这时，售后人员有3种做法：

（1）开派工单。

（2）电话提醒一下商务秘书，看是否要配插线，然后等对方回话。

（3）直接打电话给客户，询问是否要配插线，若需要，就配齐给客户送过去。

第一种做法，可能导致客户的打印机无法使用，引起客户的不满；第二种做法，可能会延误工作速度，影响服务质量；第三种做法，既能避免工作失误，又不会影响工作效率。

显然，第三种做法就是一个高效做事的例子。

高效能人士与做事缺乏效率的人的一个重要区别在于：前者是主动工作、善于思考、主动找方法的人，他们既对过程负责，又对结果负责；而后者只是被动地等待工作，敷衍塞责，遇到困难只会抱怨，寻找借口。

另外，高效能人士不仅善于高效工作，同时也深谙平衡工作与生活的艺术。他们既不会被工作所苦，也不会被生活所累。他们不是不重结果、被动做事的"问题员工"，也不是执着于工作，忽视了生活、整日为效率所苦的"工作狂"。

一个游刃于工作与生活之中的高效能人士应当具备很多素质，比如"做事有目标"，"能够正确地思考问题"，"是一个解决问题的高手"，"重视细节"，"高效利用时间"，"勇于承担责任，不找借口"，"正确应对工作压力"，"善于把握工作与生活的平衡"，"善于沟通交际"，"拥有双赢思维"，等等。

一位哲人说过："播下一种思想，收获一种行为；播下一种行为，收获一种习惯；播下一种习惯，收获一种性格；播下一种性格，收获一种命运。"要不断提升自己的素质，做一名高效能人士，就要养成正确的工作和生活的习惯。

成功的习惯重在培养

美国学者特尔曼从1928年起对1500名儿童进行了长期的追踪研究，发现这些"天才"儿童平均年龄为7岁，平均智商为130。成年之后，又对其中最有成就的20%和没有什么成就的20%进行分析比较，结果发现，他们成年后之所以产生明显差异，其主要原因就是前者有良好的学习习惯、强烈的进取精神和顽强的毅力，而后者则甚为缺乏。

习惯是经过重复或练习而巩固下来的思维模式和行为方式，例如，人们长期养成的学习习惯、生活习惯和工作习惯等。"习惯养得好，终身受其益"；"少小若无性，习惯成自然"。习惯是由重复制造出来，并根据自然法则养成的。

孩子从小养成良好的习惯，能促进他们的生长发育，更好地获取知识，发展智力。良好的学习习惯能提高孩子的活动效率，保证学习任务的顺利完成。从这个意义上说，它是孩子今后事业成功的首要条件。

但是习惯是从哪里来的呢？

习惯是自己培养起来的。当你不断地重复一件事情，最后就有了应该和不应该，开始形成了所谓的真理，但是你还有更多的事情没有接触到。

习惯应该是你帮助自己的工具，你需要利用自己的习惯来更好地生活，如果哪个习惯阻碍了你实现这样的目标，那么就该抛弃这样的坏习惯。

下面是培养良好习惯的过程与规则：

（1）在培养一个新习惯之初，把力量和热忱注入你的感情之中。对于你所想的，要有深刻的感受。记住：你正在采取建造新的心灵道路的最初几个步骤，万事开头难。一开始，你就要尽可能地使这条道路既干净又清楚，下一次你想要寻找及走上这条小径时，就可以很轻易地看出这条道路来。

（2）把你的注意力集中在新道路的修建工作上，使你的意识不再去注意旧的道路，以免使你又想走上旧的道路。不要再去想旧路上的事情，把它们全部忘掉，你只要考虑新建的道路就可以了。

（3）可能的话，要尽量在你新建的道路上行走。你要自己制造机会来走上这条新路，不要等机会自动在你跟前出现。你在新路上行走的次数越多，它们就能越快被踏平，更有利于行走。一开始，你就要制订一些计划，准备走上新的习惯道路。

（4）过去已经走过的道路比较好走，因此，你一定要抗拒走上这些旧路的诱惑。你每抵抗一次这种诱惑，就会变得更为坚强，下次也就更容易抗拒这种诱惑。但是，你每向这种诱惑屈服一次，就会更容易在下一次屈服，以后将更难以抗拒诱惑。你将在一开始就面临一次战斗，这是重要时刻，你必须在一开始就证明你的决心、毅力与意志力。

（5）要确信你已找出正确的途径，把它当作你的明确目标，然后毫无畏惧地前进，不要使自己产生怀疑。着手进行你的工作，不要往后看。选定你的目标，然后修建一条又好、又宽、又深的道路，直接通向这个目标。

你已经注意到了,习惯与自我暗示之间存在着很密切的关系。根据习惯而一再以相同的态度重复进行的一项行为,我们将会自动地或不知不觉地进行这项行为。例如,在弹奏钢琴时,钢琴家可以一面弹奏他所熟悉的一段曲子,一面在脑中想着其他的事情。

自我暗示是我们用来挖掘心理道路的工具,"专心"就是握住这个工具的手,而"习惯"则是这条心理道路的路线图或蓝图。要想把某种想法或欲望转变成为行动或事实,必须忠实而固执地将它保存在意识之中,一直等到习惯将它变成永久性的形式为止。

良好的习惯让你事半功倍

所谓"习惯",就是人和动物对于某种刺激的"固定性反应",这是相同的场合和反应反复出现的结果。所以,如果一个人反复练习饭前洗手的话,那么这个行为就会融合到他更为广泛的行为中去,成为"爱清洁"的习惯。

习惯是某种刺激反复出现,个体对之做出固定性反应,久而久之,形成了类似于条件反射的某种规律性活动。它包括生理和心理两方面,即能够直接观察及测量的外显活动和间接推知的内在心路历程——意识及潜意识历程。而且,心理上的习惯,即思维定式一旦形成,则更具持久性和稳定性,在更广泛的基础上,就成了性格特征。

所以,习惯虽小,却影响深远。你可以遍数名载史册的成功人士,哪一个没有几个可圈可点的习惯在影响着他们的人生轨迹呢?当然,习惯人人都有,我们的惰性和惯性会使我们不止一次地重复某些事情,而经常反复地做也就成了习惯,比如,爱笑的习惯、吝啬的习惯,甚至于饭前洗手的习惯,等等。习惯有大有小,有好有坏,林林总总。

这,就是习惯!

孔子在《论语》中提道:"性相近,习相远也","少小若无性,习惯成自然。"意思是说,人的本性是很接近的,但由于习惯不同便相去甚远;小时候培养的品格就好像是天生就有的,长期养成的习惯就好像完全出于自然。

成功是从良好的习惯开始的,习惯成自然,从小养成的习惯可以比较轻松、毫不费力地做得到。

如果有条有理是一种成功的话,那么,只要养成物归原位的习惯和动作,成功就会自然水到渠成。

良好的生活习惯是一个人做人、做事、做学问的根本。它能使我们向着目标,脚踏实地地奋进;它能让我们奋力前行,不偏离轨道;它能让我们享受生活的情趣与成功时的自豪。但良好习惯的培养需要从生活的点点滴滴开始。

习惯是行为的自动化,不需要特别的意志努力,不需要别人的监控,在什么情况下就按什么规则去行动。习惯一旦养成,就会成为支配人生的一种力量,甚至可以主宰人的一生。

习惯决定性格,性格决定命运。青少年中的"小马虎"很多,视规则为儿戏的行为比比皆是。但如果我们严格地遵循规则，养成良好的习惯，就可以塑造优良的性格。

如何培养良好的生活习惯？应注意以下几点：

1. 要有信心

培养我们的好习惯，首先要有信心。我们常说万事开头难，一个好习惯的养成，必然会冲击相应的旧习惯，而旧习惯不会轻易退出，它要顽抗，做垂死挣扎。另外，我们的机体、心灵也需要时间从一种状态过渡到另一种状态，需要一个适应过程。从记忆的角度讲，人也需要不断复习新建立的好习惯，要强化它。所以，刚开始时要准备吃点苦，要下功夫，要特别认真。

2. 从小养成好的行为规范和标准

有些青少年见了好吃的东西随便吃，见了好玩的东西随便拿，看完的书随便放……要想改变这种状态需要花一定的时间，要有意识地训练自己，从小就要以好的行为规范约束自己。

3. 创造机会培养好习惯

良好的生活习惯是在反复实践中养成的。因此，我们要尽量创造一些机会，在实践中奉行。

4. 切忌"虎头蛇尾"

培养好的生活习惯不是一朝一夕的事情，改掉一个坏的生活习惯也不是简单的事，必须付出长期的努力。因此，我们要有韧性，不能试验了一段时间后，发现没有什么效果就半途而废，这样，今后再培养起来会更加困难。

好习惯，成功的基石

好习惯是成功的基石。一个人要想在人生道路上取得成功，就必须养成良好的习惯。

1978年，75位诺贝尔奖获得者在巴黎聚会。有人问其中一位："你在哪所大学、哪所实验室里学到了你认为最重要的东西呢？"

出人意料，这位白发苍苍的学者回答说："是在幼儿园。"这个人又问："在幼儿园里学到了什么呢？"

学者答："把自己的东西分一半给小伙伴们；不是自己的东西不要拿；东西要放整齐；饭前要洗手；午饭后要休息；做了错事要表示歉意；学习要多思考，要仔细观察大自然。从根本上说，我学到的全部东西就是这些。"这位学者的回答，回应了与会科学家的普遍看法：成功源于良好的习惯。

2001年7月，南方一家颇有名气的刊物，隆重地推出一篇调查报告——《告诉你一个真实的安子》。

那年，17岁的乡下姑娘安丽娇（安子），初中没毕业，怀揣着希望和茫然，独自一人从广东梅县扶大乡闯到深圳。安子进入一家港资电子厂，成了流水线上的插件工。插件工枯燥苦累，一天工作12小时。没干多少天，手指上便是一团团黑黑的淤血，十指连心地痛。但在繁重打工之余，安子还是用学习来充实自己：从自学初中课程，一直到深圳大学中文系大专课程，打工7年间，安子坚持自学了6年半。7年的打工收入，几乎全交了学费。

1991年，安子在打工之余，将打工日记加工创作成《青春驿站——深圳打工妹写真》在报纸上连载，"反响始料不及，读者的信件雪片般飞来。曾经一个星期内，收到200多封信"。随后，她的《都市寻梦》等文学作品相继面世。深圳广播电台力邀安子主持"安子的天空"。数以万计在都市寻梦的青年，渴求在这片天空中获得心灵的慰藉。

不到8年的时间，一个普通打工妹完成"变蝶"的全部过程。今天的安子，是4家公司的总经理，其中"新家政服务公司"是深圳规模最大、最规范的10家同类企业之一。

面对众多的评论，安子坚持认为，她的成功是靠努力向上的习惯一点一滴积累而成！

有位哲人说过：播种行为，收获习惯；播种习惯，收获性格；播种性格，收获命运。

俄国教育家乌申斯基说："良好的习惯乃是人在神经系统中存放的道德资本，这个资本不断地增值，而人在其整个一生中就享受着它的利息。"的确，习惯是一个人独立于社会的基础，又在很大程度上决定人的人生效率和生活质量，并进而影响他一生的成功和幸福。因此，注重养成好的习惯，是人生迈向成功的第一步。

试想，一个爱睡懒觉、生活懒散又没有规律的人，他怎么约束自己勤奋学习？一个不爱阅读、不关心身外世界的人，怎能有开阔的胸襟和见识？一个自以为是、目中无人的人，他如何去和别人合作和沟通？一个做事杂乱无章、思维混乱的人，他做起事来的效率会有多高？一个不爱独立思考、人云亦云的人，他能有多大的智慧和判断能力……

好习惯相当于好方法——思维的方法、做事的方法。培养好习惯,即在为自己奠定成功的基石。

播种行为,收获习惯

比尔·盖茨认为,是4种良好的习惯——守时、精确、坚定以及迅捷——造就了成功的人生。没有守时的习惯,你就会浪费时间、空耗生命;没有精确的习惯,你就会损害自己的信誉;没有坚定的习惯,你就无法把事情坚持到成功的那一天;而没有迅捷的习惯,原本可以帮助你赢得成功的良机,就会与你擦肩而过,而且可能永不再来。

亚伯拉罕·林肯就是通过勤奋的训练才练成了他讲话简洁、明了、有力的演讲风格。温德尔·菲里普斯也是通过艰苦的练习才练就了他那出色的思考能力和杰出的交谈能力。

常言道:"播种一种行为,就会收获一种习惯;播种一种习惯,就会收获一种性格。"好的习惯主要依赖于人的自我约束,或者说是依靠人对自我欲望的否定。然而,坏的习惯却像芦苇和杂草一样,随时随地都能生长,同时它也阻碍了美德之花的成长,使一片美丽的园地变成了杂草丛生的芦苇丛。那些恶劣的习惯一朝播种,往往难以清除。

当人到了25岁或30岁的时候,我们就很难发现他们会再有什么变化，除非他现在的生活与少年时相比有了巨大的改变。但令人欣慰的是，当一个人年轻的时候，尽管养成一种坏习惯很容易，但要养成一种好习惯同样容易；而且，就像恶习会在邪恶的行为中变得严重一样，良好的习惯也会在良好的行为中得到巩固与发展。

习惯的力量是一种使所有生物和所有事物都臣服在环境影响之下的法则。这个法则可能会对你有利，也可能对你不利，结果如何全由你的选择而定。

当你运用这一法则时，连同积极心态一起应用，所产生的力量是巨大的，而这就是你思考致富或实现任何你所希望的事情的根本驱动力。

也许你并没有很好的天赋，但是，一旦你有了好的习惯，它一定会给你带来巨大的收益，而且可能超出你的想象。

那么，如何破除恶习，而代之以良好习惯呢？这样的改变往往在一个月内就可完成。办法如下：

（1）选择适当的时间。事不宜迟，想改变习惯而又一再地拖延，你会更加害怕失败。在较为轻松的日子，所下的决心即使面临考验也较易应付，因此选择的月份应没有亲朋好友来你家小住，也没有太多限期完成的工作待办。不要选择年底之前，年底既要准备过节，又要赶做年终的工作，不免忙碌紧张，那种压力只会使恶习加深，令人故态复萌。

（2）用意愿力而非意志力。习惯之所以形成，是因为潜意识把这种行为跟愉快、慰藉或满足联系起来。潜意识不属于理性思考的范畴，而是情绪活动的中心。"这种习惯会毁掉你的一生。"理智这样说，潜意识却不理会，它"害怕"放弃一种一向令它得到安慰的习惯。

用理智对抗潜意识,简直难以制胜。因此,要戒掉恶习,意志力不及意愿力有效。

(3)找个替代品。另外培养一种新的好习惯,那么破除坏习惯就会容易得多。

有两种好习惯特别有助于戒除大部分的坏习惯。第一种是采用一个有营养和调节得宜的食谱。情绪不稳定使人更依赖坏习惯所带来的慰藉,防止因不良饮食习惯而造成的血糖时升时降,有助于稳定情绪。

第二种是经常做适度运动。这不仅能促进身体健康,也会刺激脑啡(脑内一种天然类吗啡化学物质)的产生。科学研究指出,慢跑的人能够感受到自然产生的"奔跑快感",全是脑啡的作用。

(4)按部就班。一旦决定改变习惯,就拟定当月的目标。要切合实际,善于利用目标的"吸引力"。如果目标太大,就把它化整为零。

达成一项小目标时不妨自我奖励一下,借以加强目标的吸引力。

(5)切勿气馁。成功值得奖励,但失败也不必惩罚。在改变习惯的时间内如果偶有失误,不要自责或放弃,一次失误不见得是故态复萌。

人们往往认为,重拾坏习惯的强烈愿望如果不能达到,终会成为破坏力量。然而只要转移注意力,即使是几分钟,那种愿望也会消散,而自制力则会因此加强。

避免重染旧习比最初戒掉时更困难。但是如果你能够把新习惯维持得越久,就越有把握不重蹈覆辙。

比别人多做一点

生性懒惰，却还想成功，这无疑是异想天开。懒惰不改，要想获得成功，必定会碰壁的。

很多人想找一条通向成功的捷径，当众里寻他千百度之后，发现"勤"字是成大事的要诀之一。

天道酬勤。没有一个人的才华是与生俱来的，在成功的道路上，除了勤奋，是没有任何捷径可走的，在每个成功者的身上，都可以看到勤劳的好习惯。

鲁迅说得更清楚："其实即使天才，在生下来的时候第一声啼哭，也和平常的儿童一样，绝不会就是一首好诗"，"哪里有天才，我是把别人喝咖啡的工夫用在工作上。"

笨鸟先飞，尚可领先，何况并非人人都是"笨鸟"。勤奋，使青年人如虎添翼，能飞又能闯。

任何事情，唯有不停前进方可有生命力。在这个竞争激烈的世界里，人才云集，竞争对手强大。快节奏的生活、高度的竞争又时刻令人体会到莫大的压力，潜移默化地催人上进。

成功的得来可不像老鹰抓小鸡那样容易，而是勤奋工作得来的。只有辛勤的劳动，才会有丰厚的人生回报。即使给你一座金山，你无所事事，也总有一天会坐吃山空的。传说中的点石成金之术并不存在，而在劳动中获得财富才是最正确的途径。你想拥有金子，最好的办法是辛勤地耕耘。

人生是一个充满谜团的过程。在这个过程中，会有许许多多令人悲欢离合、喜怒哀乐的事情，也会有许多意想不到却又似乎是上天特意考验我们的事情出现。在这些事情的考验下，有的人充实而成功地走完了这一过程，有的人却相反，在遗憾中随风逝去。

我们每一个健康生活的人都希望自己能够走向成功，都想在成功中领略人生的激动，而成功又不是轻易予人的。

那些形成了勤奋工作习惯的人总是闲不住，懒惰对他们来说是无法忍受的痛苦。即使由于情势所迫，不得不终止自己早已习惯了的工作，他们也会立即去从事其他工作。那些勤劳的人们总是很快就会投入新的生活方式中，并用自己勤劳的双手寻找、挖掘出生活中的幸福与快乐。要享受成功的幸福，首先要付出你的辛劳汗水，只有这样，你才会收获耕耘的快乐。

第五章
控制情绪：管好情绪，你就管好了全世界

很多人明明很努力、很勤奋，可就是在某一个时间点没控制好情绪，让 1% 的情绪失控毁了 99% 的努力，把自己推向深渊。克服自己这一致命短板，才能开启快速上升的通道，打开人生格局。

做情绪的主人，才能做生活的主角

很多人读过《旧约》里约瑟的故事：

约瑟 17 岁时就被兄长卖至埃及，任何人处在同样的境遇下，都难免自怨自艾，并对出卖及奴役他的人愤愤不平。但约瑟不做此想，他专注于提升自己，不久便成了主人家的总管，掌管所有的产业，极获倚重。

后来他遭到诬陷，冤枉坐牢 13 年，可是依然不改其态，化怨恨为上进的动力。没过多久，整座监狱便在他的管理之下。最后，他掌管了整个埃及，成为法老之下、万人之上的大人物。

我们虽没有约瑟受奴役和被囚禁的经历，但是日常生活中的种种琐事，却使我们处在各种各样的不良情绪之中。想想约瑟的遭遇，就会知道不同的情绪将有不同的人生。

许多人有过受累于情绪的经历，似乎烦恼、压抑、失落甚至痛苦总是接二连三地袭来，于是，频频抱怨生活对自己不公平，期盼某一天欢乐从天而降。但要记住，你永远不会是世界上最不幸的那个人，只要我们用积极乐观向上的态度去面对，生活终会向你展示出它温情脉脉的一面！

其实，喜怒哀乐是人之常情，想让自己生活中不出现一点烦心事是不可能的，关键是如何有效地调整、控制自己的情绪，做生活的主人，做情绪的主人。人们常说，生活是一面镜子，你对它笑，它便对你笑；你对它哭，它也便对着你哭。我们想要拥有幸福快乐的人生，就要用一种乐观积极的情绪对待生活。

许多人想控制自己的情绪，但遇到具体问题又总是知难而退："控制情绪实在太难了。"言下之意就是："我是无法控制情绪的。"别小看这些自我否定的话，这是一种严重的不良暗示，它可以毁灭你的意志，使你丧失战胜自我的决心。

输入自律的意识是开始驾驭自己的关键一步。

晓敏就不会控制自己的情绪，常常和同事发生矛盾。领导找她说话，她还不服气，甚至和领导争执。领导没有动怒，只是和她讲道理，她嘴上没有说，却早已心悦诚服。从此她有了自律的意识，经常提醒自己，主动调整情绪，自觉注意自己的言行。就在这种潜移默化中她拥有了一个健康而成熟的情绪。

其实调整控制情绪并没有你想象的那么难，只要掌握一些正确的方法，就可以很好地驾驭自己。控制情绪也是一个长期的过程，在平常就要把自己的心态调整好，把保持良好的情绪作为一种习惯。

1. 想法客观

学会坦然面对生活中的一切，不对生活有过多的非分之想，抱太多不切实际的幻想。给心理留一个放松的空间，用平淡的心态去接受身边发生的事。

2. 学会发泄

每个人都会遇到许许多多的不如意，正所谓"人生不如意者，十有八九"。因此要想活得轻松快乐，就要找到适合自己的舒压方式，把心中的不良情绪及时发泄出来。

3. 生活热情

平常要多参加一些户外活动，多看一些轻松温馨的影视剧，多阅读一些时尚轻松的书籍杂志，让自己的思想见识跟上时代的发展；多发展一些兴趣爱好，不仅有助于消除不良情绪，还能帮助你树立积极健康的心态，感受到生活更多的快乐。

4. 每天听半小时音乐

优美的音乐对放松身心有着非常大的作用，每天抽出一点时间，泡杯茶，放松地坐下来，挑自己喜爱的音乐听上一会儿，对缓解情绪、平衡身心都有着非常积极的作用。

5. 学会控制自己的愤怒

生活中我们免不了遇到令自己愤怒的事，但是把愤怒全部发泄出来，对人对己都是没有任何好处的，所以，一定要控制住自己愤怒的情绪。当你觉得自己快要爆发的时候，先不要张口，在心里默默从1数到100，然后再张口说话，对避免把谈话闹僵，会很有帮助的。甚至还有人说要从1数到300后再张口，这要根据自己的愤怒程度，在心里给自己定个数。

可以转移情绪的活动有很多，你可以根据自己的兴趣爱好，以及外界事物对你的吸引来选择。例如，各种文体活动，与亲朋好友倾谈，阅读研究，琴棋书画，等等。总之，将情绪转移到有意义的事情上去，尽量避免不良情绪的强烈撞击，减少心理创伤，这样做非常有利于情绪的及时控制。

情绪的转移关键是要主动积极，不要让自己在消极情绪中沉溺太久，立刻行动起来，你会发现自己完全可以战胜情绪，控制情绪，成为情绪的主人。

心情的颜色影响世界的颜色

明人陆绍珩说，一个人生活在世上，要敢于"放开眼"，而不向人间"浪皱眉"。

"放开眼"和"浪皱眉"就是对人生正反面的选择。你选择正面，就能乐观自信地舒展眉头，面对一切；你选择背面，就只能是眉头紧锁、郁郁寡欢，最终成为人生的失败者。

一个阳光的人，心情乐观开朗，他的人生态度是积极的，不管在工作中还是在生活上，都能很好地完成任务，因此这类人在这段时间里自我价值的实现也就相对比较多，自我价值实现得越多，自我肯定的成就感也就越多，这样就能拥有一个好的心情，形成一个良性循环。

相反，一个心理阴暗的人悲观、抑郁，整天愁眉苦脸地面对生活，不管做什么事情都不积极，甚至错误百出，那么他的自我价值就会实现得越来越少，自我否定的因素就会增加，使心情更加消极抑郁，成了一个恶性循环。

因此有人说，积极的心态会创造阳光的人生，而消极的心态则让人生充满阴霾；积极的心态是成功的源泉，是生命的阳光和温暖，而消极的心态是失败的开始，是生命的无形杀手。

有两个人在沙漠的黑夜中行走，水壶中的水早就喝完了，俩人又累又饿，体力渐渐不支。在休息的时候，其中一个人问另一个人：现在你能看到什么？

被问的那个人回答道:"我现在似乎看到了死亡,似乎看到死神在一步一步地靠近。"发问的这个人却微微一笑说:"我现在看到的是满天的星星和我的妻子、儿女等待我回家的脸庞。"最后,那个说看到死亡的人真的死了,就在快要走出沙漠的时候,他用刀子结束了自己的生命;而另一个说看见星星和自己妻子、儿女脸庞的人靠着星星的方位指示成功地走出了沙漠,并成为人们心目中的英雄。

其实这两个人并没有根本的区别,仅仅是当时的心态有所不同,最后却演绎了截然不同的命运。

悲观失望的人在挫折面前,会陷入不能自拔的困境;乐观向上的人即使在绝境之中,也能看到一线生机,并为此努力。有位诗人说:"即使到了我生命的最后一天,我也要像太阳一样,总是面对着事物光明的一面。"勇敢的人一路纵情歌唱,到处都有明媚宜人的阳光,即使在乌云的笼罩之下,他也会充满对美好未来的期待,跳动的心灵一刻都不曾沮丧悲观:不管他从事什么行业,他都会觉得工作很重要;即使衣衫褴褛不堪,也无碍于他的尊严;他不仅自己感到快乐,也给别人带来快乐。

既然世界的变化完全是由自己来决定的,那么,何不让自己永远保持良好的感觉呢?

世界是快乐的还是悲伤的,是精彩的还是单调的,关键在于你怎么看。

安德烈在小时候,不知道从哪儿得到了一堆各种颜色的镜片,他喜欢用这些有颜色的镜片遮挡眼睛,站在窗台上看窗外的风景。用粉红色的镜片,面前的世界便是一片粉红色;用蓝色的镜片,眼前就是一片蓝色；当用黄色的镜片的时候，世界又变成黄色的。用不同的镜片去看眼前的世界，世界便为他呈现不同的颜色。

这是在他小时候发生的一件事情。后来安德烈渐渐长大，每当遇到不高兴的时候，他就会想起这件事情。他总是对自己说："世界并没什么不同，我可以决定这个世界的颜色啊！"

安德烈的故事给了人们很好的启示：既然你不能改变一些无法改变的东西，那就改变一下自己吧。

世界的色彩随我们情绪的变化而变化，你拥有什么样的心情，世界就会向你呈现什么样的颜色。

暴躁是发生不幸的导火索

一个人性格暴躁的最直接表现就是非常容易愤怒，因此，愤怒是一种很常见的情绪，特别是年轻人。比如，血气方刚的小伙子，他们往往三两句话不对，或为了一点芝麻绿豆大的事情就大打出手，造成十分严重的后果。

其实，愤怒是一种很正常的情绪。它本身不是什么问题，但如何表达愤怒则是个问题。有效地表达愤怒会提高我们的自尊感，使我们在自己的生存受到威胁的时候能勇敢地战斗。

脾气暴躁，经常发火，不仅是强化诱发心脏病的致病因素，而且会增加患其他病的可能性，它是一种典型的慢性自杀。因此为了确保自己的身心健康，必须学会控制自己，克服爱发脾气的坏毛病。

如何有效地抑制生气和不友好的情绪呢？这主要在于自己的修养和来自亲人及朋友的帮助与劝慰。实验证明，在行为方式有改善的人中，死亡率和心脏病复发率会大大下降。为了控制或减少发火的次数和强度，必须对自己进行意识控制。当愤愤不已的情绪即将爆发时，要用意识控制自己，提醒自己应当保持理性，还可进行自我暗示："别发火，发火会伤身体。"有涵养的人一般能控制住自己。同时，及时了解自己的情绪，还可向他人求得帮助，使自己遇事能够有效地克制愤怒。只要有决心和信心，再加上他人对你的支持、配合与监督，你的目标一定会达到。

一般来说，性格暴躁的人都有如下的一些表现：

（1）情绪不稳定。他们往往容易激动。别人的一点友好的表示，他们就会将其视为知己；而话不投机，就会怒不可遏。

（2）多疑，不信任他人。暴躁的人往往很敏感，对别人无意识的动作，或轻微的失误，都看成对他们极大的冒犯。

（3）自尊心脆弱，怕被否定，以愤怒作为保护自己的方式。有的人希望和别人交朋友，而别人让他失望了，他就给人家强烈的羞辱，以挽回自己的自尊心。这同时也就永远失去了和这个人亲近的机会。

（4）没有安全感，怕失去。

（5）从小受娇惯，一贯任性，不受约束，随心所欲。

（6）以愤怒作为表达情感的方式。

有的人从小父母的教育模式就是打骂，所以他也学会了将拳头作为表达情绪的唯一方式。甚至有时候，愤怒是表达爱的一种方式。

（7）将挫折和不满情绪发泄在无辜的人身上。

应当说，脾气是一个人文化素养的体现。但凡有文化、有知识、有修养者，往往待人彬彬有礼，遇事深思熟虑，冷静处置，依法依规行事，是不会轻易动肝火的。而大发脾气者，大多是缺乏文化底蕴的人，他们似干柴般的思想修养，遇火便着，任凭自己的脾气脱缰奔驰，直至撞墙碰壁，头破血流，惹出事端。

所以，情绪容易暴躁的人，提高自己的素质修养刻不容缓。

下面的 8 条措施将帮助你完成改变暴躁的性格。

（1）承认自己存在的问题。请告诉你的配偶和亲朋好友，你承认自己以往爱发脾气，决心今后加以改进，希望他们对你支持、配合和督促，这样有利于你逐步达到目的。

（2）保持清醒。当愤愤不已的情绪在你脑海中翻腾时，要立刻提醒自己保持理性，你才能避免愤怒情绪的爆发，恢复清醒和理性。

（3）推己及人。把自己摆到别人的位置上，你也许就容易理解对方的观点与举动了。在大多数场合，一旦将心比心，你的满腔怒气就会烟消云散，至少觉得没有理由迁怒于人。

（4）诙谐自嘲。在那种很可能一触即发的危险关头，你还可以用自嘲解脱。"我怎么啦？像个 3 岁小孩，这么小肚鸡肠！"幽默是改掉发脾气的毛病的最好手段。

（5）训练信任。开始时不妨寻找信赖他人的机会。事实会证明，你不必设法控制任何东西，也会生活得很顺当。这种认识不就是一种意外收获吗？

（6）反应得体。受到不公平对待时，任何正常的人都会怒火中烧。但是无论发生了什么事，都不可放肆地大骂出口。而该心平气和、不抱成见地让对方明白，他的言行错在哪儿，为何错了。这种办法给对方提供了一个机会，在不受伤害的情况下改弦更张。

（7）贵在宽容。学会宽容，放弃怨恨和报复，你随后就会发现，愤怒的包袱从双肩卸下来，显然会帮助你放弃错误的冲动。

（8）立即开始。爱发脾气的人常常说："我过去经常发火，自从得了心脏病，我认识到以前那些激怒我的理由，根本不值得大动肝火。"请不要等到患上心脏病才想到要克服爱发脾气的毛病，从今天开始修身养性不是更好吗？

一位哲人说："谁自诩脾气暴躁，谁便承认了自己是一名言行粗野、不计后果者，亦是一个没有学识，缺乏修养之人。"细细品味，煞是有理。愿我们都能远离暴躁脾气，做一个有知识、有文化、有修养的人。

因此，能够自律是人与动物的最大区别之一。脾气虽与生俱来，但可以调控。多学习，用知识武装头脑，是调节脾气的最佳途径。知识丰富了，修养提高了，法纪观念增强了，脾气这匹烈马就会被紧紧牵住，无法脱缰招惹是非，甚至刚刚露头，即被"后果不良"的意识所制约，最终把上窜的脾气压下，把不良后果消灭在萌芽状态。

愤怒就是灵魂在摧残自身

人经常不能控制自己的怒气,为了生活中大大小小的事情勃然大怒或者愤愤不平,愤怒由对客观现实某些方面不满而生成。比如,遭到失败、遇到不平、个人自由受限制、言论遭人反对、无端受人侮辱、隐私被人揭穿、上当受骗等多种情形下人都会产生愤怒情绪。表面看起来这是由于自己的利益受到侵害或者被人攻击和排斥而激发的自尊行为,其实,用愤怒的情绪困扰灵魂,乃是一种自我伤害。

正如思想家蒲柏所说:"愤怒是由于别人的过错而惩罚自己。"文学家托尔斯泰也说:"愤怒对别人有害,但愤怒时受害最深者乃是本人。"

我们愤怒于别人的言行,让愤怒占据了大部分的灵魂空间,灵魂负载着重担,再无法关照自身,更不能得到任何形式的提升,反而在愤怒情绪的支配下更加容易丧失理智,甚至于越来越远离人的高贵,接近于动物的蒙昧和愚蠢。

结果,导致我们愤怒的人与事依然故我,他们继续做着错的事,享受着愉悦的心情;

结果,因为愤怒,我们无法专注于眼前的工作,没能很好地履行自己的职责;

结果,我们只顾着愤怒,而无暇体验生命中原本存在的其他美和善。

折磨我们的是自己的愤怒情绪，而非别人的一些令人愤怒的行为。控制自己的愤怒情绪，从而避免让灵魂受到伤害，是完全在我们的力量范围之内的。

有一位得道高僧在山中生活30年之久，他平静淡泊，兴趣高雅，不但喜欢参禅悟道，而且喜爱花草树木，尤其喜爱兰花。他在寺庙的前庭后院栽满了各种各样的兰花，这些兰花来自四面八方，全是年复一年地积聚所得。大家都说，兰花就是高人的命根子。

这天高僧有事要下山去，临行前当然忘不了嘱托弟子照看他的兰花。弟子也乐得其事，上午他一盆一盆地认认真真浇水，等到最后轮到那盆兰花中的珍品——君子兰，弟子更加小心翼翼了，这可是师父的最爱啊！他也许浇了一上午有些累了，越是小心翼翼，手就越不听使唤，水壶滑下来砸在了花盆上，连花盆架也碰倒了，整盆兰花都摔在了地上。这回可把弟子给吓坏了，愣在那里不知该怎么办才好，心想："师父回来看到这番景象，肯定会大发雷霆！"他越想越害怕。

下午高僧回来了，他知道了这件事后一点也没生气，而是平心静气地对弟子说了一句话："我并不是为了生气才种兰花的。"

弟子听了这句话，不仅放心了，也明白了。

不管遇到任何事情，我们都要制怒，在脉搏加快跳动之前，凭借理智的伟力平静自己。

想一想，如果惹你生气的人犯了错误，是由于某种他们不可控的原因，我们为什么还要愤怒呢？

如果不是这样，那么他们犯错一定是由于善恶观的错误。我们看到了这一点，说明在善恶观的问题上，我们的灵魂比他们优越,比他们更理性,更能辨明是非黑白。对于他们,我们只有怜悯,不应有一丝愤怒。

对于犯了错误的人,要平静地劝诫他们,把他们当成理智生病的人一样医治,没有必要生气,心平气和地向他们展示他们的错误,然后继续做你该做的事,完成自己的职责。

一个发条上得太紧的表不会走得太久

现代社会高速发展,人们的生活节奏也越来越快,忙碌的人们因此不知不觉地损害了自己的身心健康,整个心灵都被日益繁重的学习或工作压迫着。许多人整日坐于室内,活动量并不大,但心灵却分分秒秒地高速运转着,在此种情况下,一旦发生弹性疲乏,势必造成精神上的崩溃。因此,我们必须减慢生活的速度,否则,紧张的结果就是心灵超负荷运转,最后导致不幸的发生。

在美国全国高等院校篮球锦标赛上,一场比赛在加时赛还有几秒钟就要结束时,丹尼尔·马歇尔走到罚球线前。对垒的两队这时打成平手,马歇尔只要两罚进一,他的球队就可以获胜。

平常练习时,马歇尔投罚球几乎是百发百中的。这天晚上,他在全场观众的注视下深吸了一口气,拍了几下球,然后定睛注视着篮球筐——结果两罚俱失,他紧张得没有投中。加时赛之后,马歇尔的队输了。

紧张情绪是人精神活动的一种现象,是一种因某种压力引起的高度调动人体内部潜力应对压力而出现的生理和心理上的应激变化。适度的紧张有助于人们激发内在潜力，但过度紧张则会使简单的变得复杂，复杂的变得更加复杂。

过度紧张会使人动作失调、行为紊乱，会降低效率。因为人在过度紧张的情况下，脑神经的兴奋和抑制过程失调，出现暂时性的不平衡。这时，人就会体验到一种难以自制的心慌、不安、激动和烦躁的情绪。

一个发条一直上得太紧的表不会走得太久；一辆马力经常加到极限的车不会用得太久；一根绷得过紧的琴弦易断；一个心情日夜紧张的人则容易生病。所以，善用表的人永不会把发条上得太紧；善驶车的人永远不会把车开得过快；善抚琴的人永远不会把琴弦绷得过紧；善养生的人永远不会使自己的心情日夜紧张。

第二次世界大战时，丘吉尔有一次和蒙哥马利闲谈，蒙哥马利说："我不喝酒，不抽烟，到晚上 10 点钟准时睡觉，所以我现在还是百分之百健康。"丘吉尔却说："我刚巧与你相反，我既抽烟，又喝酒，而且从来都没准时睡过觉，但我现在却是百分之二百健康。"蒙哥马利感到很吃惊，像丘吉尔这样工作繁忙紧张的政治家，生活如果这样没有规律，哪里会有百分之二百的健康呢？

其中的秘密就在于丘吉尔经常放松自己，让心情轻松。即使在战事紧张的周末他还是照样去游泳；在选举战白热化的时候他还照样去垂钓；工作再忙，他也不忘抽一支雪茄放松心情。

富兰克林·费尔德说过："成功与失败的分水岭可以用五个字来表达——我没有时间。"当你面对繁重的工作任务感到精神与心情特别紧张和压抑的时候，不妨抽一点时间去散心、休息，直至感到心情比较轻松后，再回到工作中来，这时你会发现自己的工作效率特别高。紧张过度，不仅会导致严重的精神疾病，还会使美好的人生走向阴暗。只有舒缓紧张情绪，放松自己的心灵之弦，才能在人生的道路上踏歌前进。

卸下情绪的重负，对自己说"没关系"

接纳自己，欣赏自己，将所有的自卑全都抛到九霄云外，这是一个人保持快乐重要的前提。一个以高标准来要求自己、不能容忍自己不完美的人，终其一生只能在对自己的哀叹中度过，是无法享受到生活的快乐的。他给自己设定了太多的条条框框，强迫自己去遵守，以达到他期望的目标，这使得他的生活背负了太多的重担，负重的情绪必然无法去感受生活的轻松和快乐。

亨利是一个快乐的年轻人。他3岁时在和小朋友玩耍时不慎被高压电流击伤，因双臂坏死而截肢致残。在这之后，父母将他送到附近的一座残疾人孤儿院去，他在那里整整住了16年，父母很少去看他。在孤儿院没有人教他应当怎样做事情，一切都得自己摸索。开始亨利用嘴叼着笔写字，由于离纸太近眼睛疼痛，于是他改用脚写字，他在孤儿院上完了中学。

回到故乡后亨利开始边工作边学习，他在一个师范学院学习文学专业。他并不想当老师，只是想完善自己，他和大学生们一样要做作业，通过各门测验和考试。亨利通过训练能够自己照顾自己的生活；他会用脚斟茶，拿小勺往茶里加糖，并灵巧地抓住小小的茶杯慢慢地品茶；电话铃声响了，他能够抓起听筒。他能够处理一些简单的家务。

他的妻子琼斯说："亨利很聪明，要是什么事情做不了，他就会琢磨该怎么办。他是一个优秀的绘图员，他会修各种电器，搞得懂所有的线路。例如电子表坏了，他就把它拆开修理，用小镊子灵巧地把零件一一装好。他的表总是挂在脖子上，他是用膝盖托起表来看时间的。他总是一刻不停地干这干那，他还改过裙子呢，又是量，又是画线，又是剪，最后用缝纫机做好。在家乡他挺知名的，一天到晚总是吹着口哨或哼着歌曲，是个无忧无虑的快乐人。"

亨利喜欢唱歌，参加过巡回演出团。他常常到孤儿院去义演。他和他 16 岁的儿子一起录制磁带送给朋友们。他靠 600 美元的退休金和妻子微薄的工资生活，十分清苦。但是，对于他来说，令他最开心的是他在生活，在唱歌，感觉他自己是一个自食其力的人。

亨利的故事告诉我们，只要一个人学会接纳自己，能够以一个平常的心态去接纳自己的不完美，他就能够拥有一个快乐的人生。如果总是让自己背负着沉重的负担，终日陷在悲观郁闷的情绪中，生活对他来说就只能是一场苦旅。所以，遭受困难时、悲伤失意时，多给自己说几声"没关系"，生活的希望永远存在，只要努力，一切困苦对我们来说都是没关系的。

用幽默和微笑来战胜不良情绪

平和宁静的心境不仅是衡量一个人心理是否健康的重要指标，同时也是我们保持心理健康的一个有效方法。心理学研究证明，幽默作为一种心理防卫机制，能使处于沮丧困苦中的人放松紧张的心理，降低心理压力，缓和内心冲突，排除内心的抑郁，解放被压抑的情绪，调节和保持心理健康。所以，心理学家主张用幽默和微笑来战胜不良情绪对人们心理的侵蚀和损害。

英国著名科学家法拉第曾经由于紧张的研究工作而导致经常性的头痛失眠，使他苦不堪言。一次，他去看病，医生开给他的处方不是药名，而是一句英国谚语："一个丑角进城，胜过一打医生。"

法拉第马上悟出了其中的奥妙，于是经常去看喜剧、滑稽戏等表演，被逗得哈哈大笑。不久，他的健康状况明显好转。

20世纪70年代，在英国的一所大学里，创建了一个"幽默教室"，人们可以用各种手段在那里发笑，以便使自己心情舒畅、精神愉快、驱除疲劳、解除烦恼。幽默是一种有效的心理疗法，是"精神上的消毒剂"，是"抑制精神危险的武器"。

现代生活节奏太快，有不少人得了抑郁症或其他类型的疾病，这时我们不妨也采用"笑疗"的方法，自己为自己治病。具体的做法是：

（1）当自己感觉苦闷、忧愁而又难以摆脱时，采取"逆向思维"法，多听听相声、小品、喜剧，在阵阵欢笑中化开心中的郁结，这比任何药物或许更管用。

（2）多和那些喜欢幽默，又好说笑话的朋友接触。与他们在一起，幽默的话语不绝于耳，一个个笑话让人心中充满欢悦。有时还会从笑声中得到不少人生的感悟。

（3）平时多看些欢乐的演出或电视节目。像文艺演出，还有电视及电台中的娱乐节目等，听着看着，你会沉浸在会心的笑意中，那些郁闷就会一扫而光。

（4）找友人聊天，和性格开朗的人相聚，把心中的不快说出来，给心灵来个"减负"，并从别人的劝解中释疑解惑，同时对方的幽默语言会让你发笑，从而获得好心情。

（5）找个环境幽雅之处，静下心来专门去想那些可乐的事。或一段相声，或一件让人捧腹的事，也可以使自己突发奇想。假设出一些让人笑的事，这样你会情不自禁地笑出声来。"笑疗"可让朋友为你治"心病"，但大多还是自我疗法，也不用去医院，更不用花钱，可谓简便易行，且无副作用。若你受到不良情绪的困扰不妨试一试。

不生气等于消除坏情绪的源头

抱怨就像是一种可以迅速传开的疾病，能够在最短的时间里在人群中扩散开来。所以，下面这样的事情，你也许也会经常看到：

张敏是某个公司的员工，已经在公司干了两年，但是公司一直没有给她涨工资。老板总是说，公司的发展还没有上轨道，所以一些不必要的开销能省就省，所以很多时候连员工的饭补也省了。公司主管还经常在快要下班的时候开会，一开就是很长时间，占用了员工的很多私人时间。

这个月，张敏一直在领导的强制下加班，可是到了月末，公司并没有给加班费，这让张敏越想越气，所以公司之前所做的种种不合理的做法，让她一起想起来了。

她越想越气，恰好赶上同事李佳走进了办公室，她就把所有的不满和牢骚都跟李佳说了。李佳一听，也觉得公司太过分了，明显扣工资，还总是占用他们那么多私人时间，实际上就是变相的加班，也觉得很生气，所以越说情绪越激动。

渐渐地，办公室里的人多了起来。大家都加入了张敏和李佳的行列，开始为张敏抱不平，也数落公司的种种不是。你一言我一语的，说个没完。

看到这样的情形，你也许会很奇怪，刚开始的一个人的不满情绪，怎么会那么快就传染给了每一个人？下面我们来分析一下：

我们都知道，人具有很强的模仿天性，而且具备很强的情绪传染共性。通常情况下，看到身边的人在做什么，很容易就跟着他去做。这样的行为是没有加入任何的思考因素的，而是下意识的模仿。所以看到别人在抱怨，就不自觉地跟着抱怨，是模仿的作用。另外，人跟人之间是很容易被感染的，比如你看见一个人哭得很伤心，那么你的心情也很难快乐起来的，有时候甚至会跟着哭；工作中，你的同事觉得有些疲倦，他把这样的信息传达给你的时候，你也会逐渐地意识到自己有些累了……这就是相互感染。所以，当那些同事看到张敏和李佳很生气的时候，心里也会跟着产生不满和气愤的共鸣，所以导致大家都跟着抱怨。

在生活中，我们说抱怨的话，是不可能找到跟我们无关的人说的。那些倾听我们怨言的人，往往都是跟我们比较亲近的人，或者在某种利益上能够达到共识的人。所以，你的问题很可能也是他的问题，你说出来的话，尽管他当时没想到，可能在你说出来以后，他就会觉得："对，事情就是这个样子的。"一旦这样在精神上达成了共识，那么你就成功地把抱怨的情绪传给他了。

所以说，抱怨就好像是一场传染病，一场瘟疫，能够在最短的时间内在人群中传播。可是，如果我们能够摆正心态，将抱怨的心理从自己的身上剔除，那么我们等于是消灭了一个传播源头。而如果生活中的每一个人都不再去做这个传染源，那么在我们的身边也就不存在抱怨了。

情绪化常常让人丧失理智

一个成功的人必定是有良好控制能力的人，自律不是说不发泄情绪，也不是不发脾气，过度压抑只会适得其反。

新的一届竞选又开始了，一位准备参加参议员竞选的候选人向自己的参谋讨教如何获得多数人的选票。

参谋说:"我可以教你些方法。但是我们要先定一个规则,如果你违反我教给你的方法,要罚款 10 元。"

候选人说:"行,没问题。"

"那我们从现在就开始。"

"行,就现在开始。"

"我教你的第一个方法是:无论人家说你什么坏话,你都得忍受。无论人家怎么损你、骂你、指责你、批评你,你都不许发怒。"

"这个容易,人家批评我、说我坏话,正好给我敲个警钟,我不会记在心上。"候选人轻松地答应。

"你能这么认为最好。我希望你能记住这个戒条,要知道,这是我教给你的规则当中最重要的一条。不过,像你这种愚蠢的人,不知道什么时候才能记住。"

"什么!你居然说我……"候选人气急败坏地说。

"拿来,10 块钱!"

虽然脸上的愤怒还没退去,但是候选人明白,自己确实是违反规则了。他无奈地把钱递给参谋,说:"好吧,这次是我错了,你继续说其他的方法。"

"这条规则最重要,其余的规则也差不多。"

"你这个骗子……"

"对不起,又是 10 块钱。"参谋摊手道。

"你赚这 20 块钱也太简单了。"

"就是啊,你赶快拿出来,你自己答应的,你如果不给我,我就让你臭名远扬。"

"你真是只狡猾的狐狸。"

"又10块钱，对不起，拿来。"

"呀，又是一次，好了，我以后不再发脾气了！"

"算了吧，我并不是真要你的钱，你出身那么贫寒，父亲也因不还人家钱而声誉不佳！"

"你这个讨厌的恶棍，怎么可以侮辱我家人！"

"看到了吧，又是10块钱，这回可不让你抵赖了。"

看到候选人垂头丧气的样子，参谋说："现在你总该知道了吧，克制自己的愤怒情绪并不容易，你要随时留心，时时在意。10块钱倒是小事，要是你每发一次脾气就丢掉一张选票，那损失可就大了。"

控制自己的情绪是件非常不容易的事情，因为我们每个人的心中都存在理智与感情的斗争。为情所动时，不要有所行动，否则你会将事情搞得一团糟。人在不能自制时，会举止失常；激情总会使人丧失理智。此时应去咨询不为此情所动的第三方，因为当局者迷，旁观者清。当谨慎之人察觉到自己有冲动的情绪时，会即刻控制并使其消退，避免因热血沸腾而鲁莽行事。冲动情绪的爆发会使人名誉扫地，甚至可能丢掉性命。

第六章
把握心态：你怎样对待世界，世界就会怎样对待你

心态控制了一个人的行动和思想，同时也决定了一个人的心胸、视野和成就，积极心态可以使你学会处世的智慧和做人的道理，使你的人生之路越走越宽，生命的价值越来越大；消极心态则很有可能会让你人生的航船驶入浅滩，从而失去发展的机会，成为失败者。

多疑的人首先猜测的是自己

有一个寓言,说的是"疑人偷斧"的故事:

一个人丢失了斧头,怀疑是邻居的儿子偷的。从这个假想目标出发,他观察邻居儿子的言谈举止、神色仪态,无一不是偷斧的样子,思索的结果进一步巩固和强化了原先的假想目标,他断定贼非邻子莫属了。可是,不久他在山谷里找到了斧头,再看那个邻居的儿子,竟然一点儿也不像偷斧者。

这个人从一开始就下了一个结论,然后自己走进了猜疑的死胡同。由此看来,猜疑一般总是从某一假想目标开始,最后又回到假想目标,就像一个圆圈一样,越画越粗,越画越圆。最典型的恐怕就是上面这个例子了。现实生活中猜疑心理的产生和发展,同这种作茧自缚的封闭思路主宰了正常思维密切相关。

猜疑是建立在猜测基础之上的,这种猜测往往缺乏事实根据,只是根据自己的主观臆断毫无逻辑地去推测、怀疑别人的言行。猜疑的人往往对别人的一言一行很敏感,喜欢分析深藏的动机和目的,看到别人悄悄议论就疑心在说自己的坏话,见别人学习过于用功就疑心他有不良企图。好猜疑的人最终会陷入作茧自缚、自寻烦恼的困境中,结果导致自己的人际关系紧张,失去他人的信任,挫伤他人和自己的感情,对心理健康产生极大的危害。为此英国思想家培根说:"猜疑之心如蝙蝠,它总是在黄昏中起飞。

这种心情是迷惑人的，又是乱人心智的。它能使你陷入迷惘，混淆敌友，从而破坏你的事业。"因此，消除猜疑之心是保持心理健康的方法之一。

怎样矫正自己的猜疑心理呢？

1. 自信最重要

相信自己，相信他人。在自己的心理天平上增加"自信"和"他信"这两个砝码。首先是"自信"。"自疑不信人，自信不疑人。"猜疑心理大多源于缺少自信。其次是"他信"，即相信别人，不要对别人报以偏见或者是成见。当你怀疑别人的时候，一定要想想如果别人也这样怀疑你，你会是什么样的感受，这样将心比心，换位思考就能真正信任别人了。

注意调查研究。俗话说："耳听为虚，眼见为实。"不能听到别人说什么就产生怀疑，不要听信他人的谗言，不能轻信他人的挑拨，要以眼见的事实为据。况且，有时眼见的未必是实。因此，一定要注重调查研究，一切结论应产生于调查的结果。否则就会被成见和偏见蒙住眼睛，钻进主观臆想的死胡同出不来。

2. 坚持"责己严，待人宽"的原则

猜疑心重的人，大多对自己的要求不严、不高，对别人的要求却很苛刻，总是要求别人做到什么程度，没有想一想自己会不会做到。因此克服疑心必须从严格要求自己做起，对别人过高地要求，别人达不到，就认为人家存在问题，必然会妨碍你对别人的信任。因此，坚持宽以待人、严于律己的原则，这也是克服猜疑心的一条重要途径。

3. 采取积极的暗示，为自己准备一面镜子

平时，不要总想着自己，想着别人都盯着自己。要对自己说，并没有人特别注意我，就像我不议论别人一样，别人也不会轻易议论我。只要自己行得正，站得直，又何必怕别人议论呢？有时不妨采用自我安慰的"精神胜利法"，别人说了我又能如何呢？只要我自己认为，或者感觉绝大多数人认为我是对的，我的行为是对的就可以了，这样在心理的疑心自然就会越来越小了。

4. 抛开偏见

有一位哲人说过："偏见可以定义为缺乏正当充足的理由，而把别人想得很坏。"一个人对他人的偏见越多，就越容易产生猜疑心理。我们应抛开陈腐偏见，不要过于相信自己的印象，不要以自己头脑里固有的标准去衡量他人、推断他人。要善于用自己的眼睛去看，用自己的耳朵去听，用自己的头脑去思考。必要时应调换位置，站在别人的立场上多想想。这样，我们就能舍弃"小人"而做君子。

5. 开诚布公地谈

猜疑往往是彼此缺乏交流，人为设置心理障碍的结果，也可能是由于误会或有人搬弄是非造成的，因此一旦出现猜疑，如果自己去想，不如开诚布公地和对方谈一谈，这样才能消除疑云，才能彻底解决问题。

仇恨的阴影下不会有多彩的天空

我们常常在自己的脑子里预设一些规定，以为别人应该有什么样的行为，如果对方违反规定就会引起我们的怨恨。其实，因为别人对"我们"的规定置之不理就感到怨恨，是一件十分可笑的事。大多数人一直以为，只要我们不原谅对方，就可以让对方得到一些教训，也就是说，只要我不原谅你，你就没有好日子过。而实际上，不原谅别人，表面上是那人不好，其实真正倒霉的人却是我们自己，生一肚子窝囊气不说，甚至连觉都睡不好。这样看来，报复不仅让我们不能实现对别人的打击，反倒对自己的内心是一种摧残。

有一位好莱坞的女演员，失恋后，怨恨和报复心使她的面容变得僵硬而多皱，她去找一位有名的美容师为她美容。这位美容师深知她的心理状态，中肯地告诉她："你如果不消除心中的怨和恨，对他人多一点儿包容，我敢说全世界任何美容师也无法美化你的容貌。"

对待自己的最好方式唯有宽容，宽容能抚慰你暴躁的心绪，弥补不幸对你的伤害，让你不再纠缠于心灵毒蛇的咬噬中，从而获得自由。

生活中，我们难免与别人产生误会、摩擦。如有的伤了自己的面子，有的让自己下不了台，有的当众给了自己难堪，有的对自己有成见，等等。如果不注意，仇恨在心底悄悄滋长，你的心灵就会背负上报复的重负而无法获得自由。

乔治·赫伯特说:"不能宽容的人损坏了他自己必须去过的桥。"这句话的智慧在于,宽容使给予者和接受者都受益。当真正的宽容产生时,没有疮疤留下,没有伤害,没有复仇的念头,只有愈合。宽容是一种医治的力量,不仅能医治被宽容者的缺陷,还可以挖掘出宽容者身上的伟大之处,正如美国作家哈伯德所说:"宽容和受宽容的难以言喻的快乐,是连神明都会为之羡慕的极大乐事。"

1944年冬天,苏军已经把德军赶出了国门,上百万的德国兵被俘虏。一天,一队德国战俘从莫斯科大街上穿过,所有的马路上都挤满了人。她们每一个人,都和德国人有着一笔血债。

妇女们怀着满腔仇恨,当俘虏出现时,她们把手攥成了拳头。士兵和警察们阻挡着她们,生怕她们控制不住自己。

这时,令人意想不到的事情发生了:一位上了年纪的犹太妇女,从怀里掏出一个用印花布方巾包裹的东西。里面是一块黑面包,她不好意思地把它塞到一个疲惫不堪的、几乎站不住的俘虏的衣袋里。

她转过身对那些充满仇恨的同胞说:"当这些人手持武器出现在战场上时,他们是敌人。可当他们解除了武装出现在街道上时,他们是跟所有别的人,跟'我们'和'自己'一样的人。"

于是,整个气氛变了。妇女们从四面八方一齐拥向俘虏,把面包、香烟等各种东西塞给这些战俘。

仇恨是带有毁灭性的情感,只会激化矛盾,酿成大祸。宽容的心却能轻易将恨意化解,让紧张的气氛化成脉脉温情。能将宽容之心给予敌人,已经可以称得上圣洁了,即便只是一个贫苦的犹太老妇人，也完全担得起"伟大"两个字。

人生总有存在的意义，如果只为一个仇恨的目的而生存，那么仇恨会毁掉你的心智、迷惑你的眼睛、吞噬你的心灵。报复是一把"双刃剑"，它不但会伤害到别人，还会使你自己落入恨的陷阱，恨会使你看不到人间的关爱与温暖，即使在夏日也只能感受到严冬般的寒冷。

既然我们都举目共望同样的星空，既然我们都是同一星球的旅伴，既然我们都生活在同一片蓝天下，那我们为什么还总是彼此为敌呢？请不要忘记世间有两个字可使你和他人的生活多姿多彩，那就是宽容。

悲观的人要懂得自我救赎

人们都经历过一些小的失意，有人遇到这些失意时，觉得一切都不尽如人意，忧郁不安，悲观自怜，结果更加失意，以致失去了幸福和欢乐。正确的做法是寻找产生沮丧悲观心理的原因，一旦找到并能作出答复，就可能幡然醒悟，得以解脱。

多数沮丧悲观者对未来的担忧，正为自己建立越来越狭窄、有限的世界；假如你做些与他人合作的工作，受到他人的约束，你就得考虑自己以外的事情，生活也就会出现新的意义。愉快的社交活动对人们情绪的影响是任何一项奖赏都不能比拟的。当人们掌握了处理人际关系的技巧后，自重感增加，也会慢慢地赶走沮丧心情。

一个沮丧悲观的人老待在屋子里,便会产生禁锢的感觉。然而,当他离开屋子,漫步于林荫大道,就会发现心绪突然变了,怒气和沮丧也消失了,心中充满了宁静,自然的色彩给人带来阵阵快意。另外,体育锻炼有助于克服沮丧,经常参加体育锻炼会使人精神振奋,避免消极地生活。

因此,转换自己的悲观情绪,其实并不难。

人类的所有行为,无论乐观,还是悲观,都是"学"得的。因而悲观者的悲观性格,并非"命中注定",而是"后天养成"的。悲观者可以力强而至,学成乐观。那么,哪些办法能帮助我们正确地克服悲观性格所带来的负面影响呢?当我们遭遇到失败或挫折而沮丧时,不妨试试下面这几招:

(1)越担惊受怕,就越遭灾祸。因此,一定要懂得积极心态所带来的力量,要相信希望和乐观能引导你走向胜利。

(2)即使处境危难,也要寻找积极因素。这样,你就不会放弃取得微小胜利的努力。你越乐观,克服困难的勇气就越会倍增。

(3)以幽默的态度来接受现实中的失败。有幽默感的人,能轻松地克服厄运,排除不好的念头。

(4)既不要被逆境困扰,也不要幻想出现奇迹,要脚踏实地,坚持不懈,全力以赴去争取胜利。

(5)不要把悲观作为保护你失望情绪的缓冲器。乐观是希望之花,能给人以力量。

(6)当你失败时,你要想到你多次获得过成功,这才是值得庆幸的。如果10个问题,你做对了5个,那么还是完全有理由庆祝一番，因为你已经成功地解决了 5 个问题。

（7）在闲暇时间，你要努力接近乐观的人，观察他们的行为。通过观察，你能培养起乐观的态度，乐观的火种会慢慢地在你内心点燃。

（8）要知道，悲观不是天生的。就像人类的其他态度一样，悲观不但可以减轻，而且通过努力还能转变成一种新的态度——乐观。

（9）如果乐观态度使你成功地克服了困难，那么你就应该相信乐观是成功之源。

别被恐惧的魔鬼"附身"

恐惧会摧残一个人的意志和生命，它会影响人的胃、伤害人的修养、减少人的生理与精神的活力，进而破坏人的身体健康。它能打破人的希望、消退人的志气，而使人的心力衰弱至不能创造或不能从事任何事业。在一个人的生活中，几乎没有比恐惧或者沮丧的念头更加折磨人的了。

卫斯里为了领略山间的野趣，一个人来到一片陌生的山林，左转右转，迷失了方向。正当他一筹莫展的时候，迎面走来了一个挑山货的美丽少女。

少女嫣然一笑，问道："先生是从景点那边迷失的吧？请跟我来吧，我带你抄小路往山下赶，那里有旅游公司的汽车在等着你。"

卫斯里跟着少女穿越丛林,阳光在林间映出千万道漂亮的光柱,晶莹的水汽在光柱里飘飘忽忽。正当他陶醉于这美妙的景致时,少女开口说话了:"先生,前面就是我们这儿的鬼谷,是这片山林中最危险的路段,一不小心就会摔进万丈深渊。我们这儿的规矩是路过此地,一定要挑点儿或者扛点儿什么东西。"

卫斯里惊问:"这么危险的地方,再负重前行,那不是更危险吗?"

少女笑了,解释道:"只有你意识到危险了,才会更加集中精力,那样反而会更安全。这儿发生过好几起坠谷事件,都是迷路的游客在毫无压力的情况下一不小心摔下去的。我们每天都挑东西来来去去,却从来没人出事。"

卫斯里冒出一身冷汗,对少女的解释并不相信。他让少女先走,自己去寻找别的路,企图绕过鬼谷。

少女无奈,只好一个人走了。卫斯里在山间来回绕了两圈,也没有找到下山的路。

眼看天色将晚,卫斯里还在犹豫不决。夜里,山间极不安全,在山里过夜,他恐惧;过鬼谷下山,他也恐惧;况且,此时只有他一个人。

后来,山间又走来一个挑山货的少女。极度恐惧的卫斯里拦住少女,让她帮自己拿主意。少女沉默着将两根沉沉的木条递到卫斯里的手上。卫斯里胆战心惊地跟在少女身后,小心翼翼地走过了鬼谷。

过了一段时间,卫斯里故意挑着东西又走了一次鬼谷。这时,他才发现鬼谷没有想象中那么可怕,最可怕的是自己心中的"恐惧"。

恐惧是人生命情感中难解的症结之一。面对自然界和人类社会,生命的进程从来都不是一帆风顺、平安无事的,总会遭到各种各样、意想不到的挫折、失败和痛苦。当一个人预料将会有某种不良后果产生或受到威胁时,就会产生这种不愉快的情绪,为此紧张不安、惊慌失措。现实生活中,每个人都可能经历某种困难或危险的处境,从而体验不同程度的焦虑。恐惧作为一种生命情感的痛苦体验,是一种心理折磨。人们往往并不为已经到来的,或正在经历的事而惧怕,而是对结果的预感产生恐慌,人生怕无助、排斥、孤独、伤害、死亡突然降临;同时人也怕失官、怕失职、怕失恋、怕失亲、怕失去声誉。

马克·富莱顿说:"人的内心隐藏任何一点儿恐惧,都会使他受到魔鬼的利用。"当人们的心中充满了恐惧的时候,就会变得不自信、盲从,看不清前面的路,也就失去了自我的评判标准。因为恐惧,人们会失去很多做大事的机缘,停止了探索的脚步。所以,我们一定要忘记心中的恐惧,大胆地前行。只有这样,我们才不会因为胆怯而错过太多的机遇。

烦躁成不了大事,持重守静才是根本

稳重是轻率的根基,沉静是烦躁的主宰,非淡泊无以明志,非宁静无以致远,持重守静乃是抑制轻率躁动的根本。故而简默沉静者,大用有余;轻薄浮躁者,小用不足。

烦躁就是种种杂念惑乱了我们的心,蒙蔽了我们对事物整体的理智见识,从而忽视或排斥了理性而任由感情发泄。言轻则招扰,行轻则招辜,貌轻则招辱,好轻则招淫,轻忽烦躁乃为人之大忌。烦躁的对立面是认真、稳定、踏实、深入。无论是治学、为人,还是做事、管理,如果你能远离浮华躁动,梦想就会成为现实。

在华为公司,就有这样一个不躁动的优秀员工小刘。小刘刚进华为的时候,公司正提倡"博士下乡,下到生产一线去实习、去锻炼"。实习结束后,领导安排他从事电磁元件的工作。堂堂的电力电子专业博士理应干一些大项目,不想却坐了冷板凳,搞这种不起眼的小儿科,小刘实在有些想不通。想法归想法,工作还要进行。

就在小刘接手电磁元件的工作之后不久,公司电源产品不稳定的现象出现了,结果造成许多系统瘫痪,给客户和公司造成了巨大损失,受此影响公司丢失了5000万元以上的订单。在这种严峻的形势下,研发部领导把解决该电磁元件问题故障的重任,交给了刚进公司不到三个月的小刘。在工程部领导和同事的支持与帮助下,小刘经过多次反复实验,逐渐清晰了设计思路。又经过60天的日夜奋战,小刘硬是把电磁元件这块硬骨头啃下来了,使该电磁元件的市场故障率从18%降为零,而且每年节约成本110万元。现在,公司所有的电源系统都采用这种电磁元件,时过近两年,再未出现任何故障。

这之后,小刘又在基层实践中主动、自觉地优化设计和改进了100A的主变压器，使每个变压器的成本由原来750元降为350元，且消除了独家供应商，减小了体积和重量，每年为公司节约成本250万元，并对公司的产品战略决策提供了依据。

小小的电磁元件这件事对小刘的触动特别大，他不无感慨地说："貌似渺小的电磁元件，大家没有去重视，结果我这样起初'气吞山河'似的'英雄'在其面前也屡次受挫、饱受煎熬，坐了两个月冷板凳之后，才将这件小事搞透。现在看起来，之所以出现故障，不就是因为绕线太细、匝数太多了吗？把绕线加粗、匝数减少不就行了？而我们往往一开始就只想干大事，而看不起小事，结果是小事不愿干，大事也干不好，最后只能是大家在这些小事面前束手无策、慌了手脚。当年苏联的载人航天飞机在太空爆炸，不就是因为将一行程序里的一个小数点错写成逗号而造成的吗？！电磁元件虽小，里面却有大学问。更为重要的是它是我们电源产品的核心部件，其作用举足轻重，得潜下心、冷静下来，否则不能将貌似小小的电磁元件弄透、搞明白。

"做大事，必先从小事做起，先坐冷板凳，否则，在我们成长与发展的道路上就要做夹生饭。现在看来，当初领导让我做小事、坐冷板凳是对的，而自己又能够坚持下来也是对的。有专家说：'我们有许多研究学术的、搞创作的，吃亏在耐不住寂寞，内心躁动，浮夸，总是怕别人忘记了他。由于这些毛病，就不能深入地做学问，不能勤学苦练。'这段话推而广之，适合于各行各业和各类人员，凡想做点儿事情的人，都应该先学会耐得住寂寞，控制自己躁动烦恼的心，先学会坐冷板凳，先学会做小事，然后才能做大事，才能取得更大的业绩和成效。"

看完小刘的故事,再回过头来看老子"轻则失本,躁则失君"这句话,我们会更加明确地知道,老子是想给我们这样的忠告:不管你的能力有多强,无论是生活还是工作,都必须从一点一滴做起。想要成功,唯一的方法就是把现在的工作做好,在普通平凡的工作中创造奇迹。

排遣抑郁,让心灵沐浴阳光

每个人都有不快乐和心情不好的时候。抑郁是人们常见的情绪困扰,是一种感到无力应付外界压力而产生的消极情绪,常常伴有厌恶、痛苦、羞愧、自卑等情绪。它不分性别年龄,是大部分人会经历的。对大多数人来说,抑郁只是偶尔出现,历时很短,很快就会消失;但有些人会经常地、迅速地陷入抑郁的状态而不能自拔。当抑郁持续下去,越来越严重,以致无法过正常的日子时,就会变成抑郁症。

在人的一生中,有三个时期较易出现忧郁症,即青春期的后段、中年及退休后,老年人也较常出现忧郁症。忧郁的类型有两种:一种是由于精神受到打击而出现过度反应;另一种并没有特别的原因。

根据世界卫生组织统计,全世界有3%的人患有忧郁症。当然,大多数的人只是轻微地感到忧郁,还达不到抑郁症的严重程度,但这时也需要引起重视，调整心态和生活方式，防止抑郁变得更加严重。

自杀是抑郁症最危险的情况。社会自杀人群中可能有一半以上是抑郁症患者，有些不明原因的自杀者可能生前已患有严重的抑郁症，只不过没被及时发现罢了。由于自杀是在抑郁发展到严重程度时才发生的，所以尽早发现抑郁病症，尽早治疗。

人们都希望自己永久处于欢乐和幸福之中。然而，生活是错综复杂、千变万化的，经常会发生不愉快的事。频繁而持久地处于扫兴、生气、苦闷和悲哀之中的人必然会有健康问题。那么，心情不快时，应采取什么对策呢？

1. **学会宣泄**

要善于向知心朋友、家人诉说自己不愉快的事。当处于极其悲哀的痛苦中时，要学会哭泣。另外，多参加文体活动、写日记、写不寄出的信等，都可以帮助消除心理紧张，避免过度抑郁。

2. **生活有规律**

规律和安定的生活是忧郁症患者最需要的，早睡早起、按时起床、按时就寝、按时学习、按时锻炼等有规律的活动会简化你的生活，使你有更多的精力做别的事情，保持身心愉快。而多完成一件事，就会使人多一分成就感和价值感。

3. **亲近宠物**

有意饲养猫、狗、鸟、鱼等小动物及有意栽植花、草、果、菜等，有时能起到排遣烦恼的作用。遇到不如意的事时，主动与小动物亲近，小动物会逗人开心，与小动物交流几句便可使不平静的心很快平静。摘掉枯黄的花叶、浇浇菜或坐在葡萄架下品尝水果都可有效调整不良情绪。

4. 多培养兴趣爱好

人无爱好，生活单调。除少数执着追求自己本职事业者外，许多人能培养自己的业余爱好。集邮、打球、钓鱼、玩牌、跳舞等都能使业余生活丰富多彩。每当心情不快时，完全可一头扎到自己的爱好之中。

5. 阳光及运动

多接受阳光与运动对于缓解忧郁症有很好的帮助，多活动活动身体，可使心情得到意想不到的放松，阳光中的紫外线可或多或少改善一个人的心情。

6. 扩大人际交往

悲观的人周遭大部分都是悲观者，而乐观的人身边亦多为乐观者，因此要想改变命运，你必须要向乐观者学习。不要拘泥于自己的小天地，应该置身于集体之中，多与人沟通，多交朋友，尤其多和精力充沛、充满活力的人相处。这些洋溢着生命活力的人会使你更多地感受到光明和美好。

摒弃自卑，让内心充满自信的阳光

在现实生活中，自卑心理是非常普遍的，它可能产生在任何年龄段的任何人身上。比如，生理缺陷、家境贫寒、才智平平、事业发展不顺，都容易使人产生己不如人的主观意识，严重者甚至把悲观失望当成了人生的主题。还有些人，虽然经过奋力拼搏，工作有了成绩，事业上创造了辉煌，但总担心风光不长，容易产生前途渺茫、"四大皆空"的哀叹。一些中老年人随着年龄的增长，青春一去不复返，容易哀怨岁月的无情、惋惜红日的偏西。这些都是自卑心理。

自卑对人的心理发展有很大影响。心理学家阿德勒认为，每个人都有先天的生理或心理欠缺，这就决定了每个人的潜意识中都有自卑感存在。处理得好，会使自己超越自卑而寻求优越感，但处理不好就将演化成各种各样的心理障碍或心理疾病。另外，自卑容易销蚀人的斗志，就像一把潮湿的火柴，再也燃不起兴奋的火花。长期被自卑笼罩的人，不仅心理失去平衡，而且也会诱发生理失调和病变。最明显的是自卑对心血管系统和消化系统有不良影响。

因此，每个人都要努力克服自卑，树立自信，这样我们的生活中才会处处充满阳光。

1. 能够正确评价自己

如实看待自己的短处，也要看到自己的长处。切不可只看到自己不如人之处，而看不到自己优于他人之处。

2. 学会表现自己

有自卑心理的人，不妨多做一些力所能及、把握较大的事情，即使很小，也不放弃取得成功的机会。任何大的成功都蓄积于小的成功之中，在成功中能不断增强自信心。

3. 学会关注他人

容易自卑的人，主要是缺乏集体情感。集体或群体的荣辱得失引不起他们的任何情绪变动，只有个人的失败才是他们关注的焦点。但现实总是不尽如人意的，总有某些方面你是不如别人的，如果总是过分关注自我，期待自己事事都比别人强，你总会发现自己的不足，从而感到自卑。但当你将目光多投向到别人时，你会变得理智、客观、忘我，为集体的成功而欢笑，为他人的幸福而欣慰，那你的快乐就会成倍增加，你的自信会增强。因为当你具备集体情感时，你会发现集体、他人的成功里也有你的努力。

4. 善于扬长避短

"金无足赤，人无完人"；"寸有所长，尺有所短。"每个人都有自己的优点和缺点，要全面正确地评价自己，既不对自己的长处沾沾自喜，也不要盯住自己的短处顾影自怜。要善于发现和挖掘自己的优势，以弥补自己的不足。

5. 增强自信

凡事都应有必胜的信心，自信是消除自卑的最好方法，因为自信会使你获得更多的成功。但在自信心的基础上，要有符合自己实际情况的"抱负水平"。过低不利激发斗志，过高易遭受失败。自卑者应打破过去那种"因为我不行——所以我不去做——反正我不行"的消极思维方式，建立起"因为我不行——所以我要努力——最终我一定会行"的积极思维方式。要正确而理性地认识自己，以坚强的勇气和毅力面对困难，用自信来清扫自卑的瓦砾。

不要让嫉妒心偷去你生活的快乐

嫉妒的危害，我国传统医学早有论述，《黄帝内经·素问》中明确指出："妒火中烧，可令人神不守舍，精力耗损，神气涣失，肾气闭塞，郁滞凝结，外邪入侵，精血不足，肾衰阳失，疾病滋生。"

可见，嫉妒是一种不健康的情绪，在嫉妒心理的影响下，人的身心健康会受到损害。特别是那些心理素质较差的老年人，一旦受到嫉妒心理的冲击，内心便充满了失望、懊恼、悲愤、痛苦和抑郁，有的甚至陷入绝望之中，难以自拔。

现代医学研究证明，有嫉妒心理的人，往往处于焦虑不安、怨恨烦恼之中。这种消极不愉快的情绪，会使人的神经机能严重失调，从而影响到心血管的机能，进而导致一些疾病的发生。

嫉妒的受害者首先是嫉妒者自己。德国有句谚语说得很贴切："嫉妒是为自己准备的屠刀。"翻一翻历史，因为嫉妒而招致杀身之祸的例子不胜枚举：隋炀帝因嫉才妒能，招致群臣离心离德而覆亡；太平天国时期的杨秀清因权欲熏心，嫉妒洪秀全和众亲王，想夺天王之位，最后被杀；水泊梁山的第一任寨主王伦嫉妒晁盖、吴用而丧命……

嫉妒者记恨别人，竭力贬低、败坏别人，对别人的进步和成就总是不屑一顾，看不到自己和别人之间的差距，不想奋力赶上。这样，自己与被嫉妒者之间，必然拉开更大的距离，到头来自己只能是越来越落后。嫉妒人家，无非是怕人家比自己强。但是，怕也无济于事,嫉妒对自己没有什么好处,反而更加显示出自己的落后、狭隘。

那么,要怎样才能消除嫉妒心理呢?从心理学角度来说,一个人的嫉妒心理并不是天生就有的,而是后天形成的。所以,应通过自身的道德修养、自律、自我调节来修正。

(1)将压力变为动力。将不服气变为志气,使自己有一种竞争意识,促使自己努力向上。你比我好,我要比你更好。通过自强不息的努力超过别人,这本身就是一种健康意识。这种意识表现得恰当,就会使自己的想法成为达到目标的动力,使自己的追求具有良知和道义。如果,自己不如别人就只会嫉妒,并造成精神负担,对自己和他人都可能起到不好的作用。

(2)要看到自己的长处,发现自己的价值,这是培养自尊心、消除自卑感和嫉妒心理的有效方法。

(3)学会站在对方的立场上考虑问题。人人都希望得到他人的支持,所以当你对一个人产生嫉妒的时候,不妨大度地站在对方的立场上诚恳地赞扬他。因为信任和友谊会使你感到充实,你也可以感受到"心底无私天地宽"的心理体验。

放下焦虑,才能得到安宁

焦虑已成为现代人的通病。随着生活节奏的加快,人们越来越担心未来的工作、生活,他们整天在焦虑中度过,从而无暇顾及享受眼前的美好生活。

人们为什么会面临如此多的焦虑,从自然界、社会、人的心理和认识活动以及人体的特征来分析,这些因素可以概括为:

1. 在工作、生活等方面追求完美

生活稍不如意,就十分遗憾,心烦意乱,长吁短叹,老担心出问题,惶惶不可终日。须知,世间只有相对完美,绝无绝对完美;世界及个体就是在不断纠正不足,追求真善美的过程中前进的。应该"知足常乐""随遇而安",绝不做追名逐利的奴隶,为自己设置太多精神枷锁,让自己太累,把生命之弦拉得太紧。

2. 没有迎接人生苦难的思想准备,总希望一帆风顺

我们来到人间,就会面临各种各样的磨难。没有迎接苦难思想准备的人,一遇到困难,就会惊慌失措,怨天尤人,大有活不下去之感。其实,"吃得苦中苦,方为人上人",要学会解决矛盾并善于适应困境。

3. 意外的天灾人祸

破产或死亡等会引起紧张、焦虑、失落感或绝望,甚至认为一切都完了,等等。假如碰到意外的不幸时,建议你正视现实、不低头、不信邪、昂起头、挣扎着前进,灾难是会有尽头的,忍耐下去,一定会走出困境的。

4. 神经质人格

这类人的心理素质差,对任何刺激均敏感,一触即发,会对刺激做出不相应的过强反应。他们承受挫折的能力低,自我防御本能过强,甚至无病呻吟、杞人忧天。他们眼中的世界,无处不是陷阱,无处不充满危险。如此心态,怎能不焦虑呢?

综上所述，焦虑产生的原因往往来自人们的心理。所以，人们只有在心理上释放，才能免除焦虑的情绪，得到生活的安宁。

通常情况下，我们可以这样排除焦虑：

可以向自己信任的亲朋好友倾诉内心的痛苦，也可以用写日记、写信的方式宣泄，或选择适当的场合痛哭或大声喊出来。

焦虑是人在应激状态下的一种正常反应，要以平常心对待，顺应自然，接纳自己、接纳现实，在烦恼和痛苦中寻求战胜自我的理念。

无论是学习还是工作，没有目标就会茫然不知所措。要根据人生不同发展阶段确立目标，而且要适度。

回忆或讲述自己最成功的事，从而引起愉快的情绪，忘掉不愉快的事，消除紧张、压抑的情绪。

积极参加文体活动。研究表明，音乐能影响人的情绪、行为和生理功能；不同节奏的音乐能使人放松。

多参加集体活动。在集体活动中发挥自己的优势，增强人际交往的能力。和谐的人际关系会使人获得更多的心理支持，从而缓解紧张、焦虑的情绪。

使用上述的方法，也许并不能完全见效，要去除忧虑，你必须从心灵上放松自己。只有这样，你才能缓解生活的压力，从内心深处释放自己。

第七章
时间和精力管理：你如何过一天，就如何过一生

为什么我们一开始豪情满满要去做的事情，到最后都不了了之，说到底都是因为没有管理好自己的时间和精力。如果不懂得约束自己，生活的方向就很容易失控。唯有自律的人，才能厘清生活中的细枝末节，让其各安其位，稳当妥帖，串联起井然有序又自在轻盈的人生。

时间都去哪儿了？

"时间都去哪儿了？"几乎所有的人都对自己或别人问过这个问题。

又是一年过去，你也许在认真回顾，给自己定的一年计划并未如期完成，没有完成的真正原因，就是时间不觉中就已过去。而一年来，自己似乎每天都在忙碌，没有时间学习，每天有完不成的工作，甚至没有时间坐下来喝杯咖啡……

事实真的如此吗？多数人很轻易地相信自己"真的没时间"，不过他们也容易被自己的谎言所欺骗，真正的问题是我们把大量时间都浪费在拖延上。对于拖延带来的时间损失，就连有些历史名人也懊悔不迭。

达·芬奇就是这样一个人。这位欧洲文艺复兴时期的艺术天才，同时涉足了建筑、解剖、艺术、工程、数学等领域，如今他传世的6000多页手稿见证了这位艺术天才的惊人才能。通过这些手稿，人们得以确认达·芬奇是历史上第一个人形机器人的设计者、第一个绘制子宫中胎儿和阑尾构造的人，而这些手稿中的绘画创作方案更是不计其数。

达·芬奇的世界名画《蒙娜丽莎》画了四年，另一幅名画《最后的晚餐》画了三年。实际上，达·芬奇的传世画作不超过20幅，并且其中有五六幅到他去世时还压在手里没能完成。直到他去世

200年后，有关绘画的手稿才被后人整理成书。而更多科学方面的想法与设计至今仍隐藏在那些草稿图中，成为天才的遗憾。

达·芬奇对自己也有所反思，在一则笔记中他写道："告诉我，告诉我，有哪样事情到底是完成了的？"这种自责感，与当今我们所体验到的拖延症困扰是多么地相似。

人一生的两笔财富是你的才华和你的时间。才华越来越多，但是时间越来越少，我们的一生可以说是用时间来换取才华。如果一天天过去了，我们的时间少了，而才华没有增加，那就是虚度了时光。

虽然多数人懂得这个道理，但不少人依然对"拖延"情有独钟。每当我们感到疲倦和懒惰之时，就能立刻找出乃至创造出一堆不去做某件事的借口。

于是，现代社会的快节奏、高压力，让工作和生活中困扰很多人的拖延现象并不见消减。统计数据表明，七成大学生习惯于拖延学业，两成以上的普通人每天都会出现拖延行为。

拖延症也逐渐成为许多80后、90后的标志，人们习惯在第一时间找借口掩盖自己的拖延行为。都说"时间去哪儿了""请再给我两分钟"，但起床拖延症、工作效率低等症状却愈加普遍。

王琳琳正在读研究生，她一直想利用大段空闲时间完成一篇专业论文。在寒假前就制订好了计划。王琳琳回到家后，先是和老家的同学天天聚在一起：滑雪、吃饭、唱歌、逛街。反正写论文的事不差这几天嘛！一个多星期过去，她的计划只是放在心里，晚上睡前想一想，叹息一声。

过了几天这样的日子后，王琳琳在微信朋友圈里留言：从明天开始静心写论义。两周后，朋友打电话问她论文完成得怎么样。

王琳琳的回答是"没有完成"。

朋友奇怪，"那你每天在家干吗？"王琳琳回忆了下说："好不容易放假，得睡到自然醒吧。起床后吃了早饭就打开电脑，正准备写，但一时间又找不到写论文的思路，想着不如等等，听会儿音乐，拿着手机跟朋友聊聊天、刷刷朋友圈、上网在淘宝上看看衣服。结果到了晚上，论文也没开始写。然后，心里想着，等明天再重新开始吧。"

像王琳琳这样的人并不在少数，他们总是习惯性地拖延，时光当然在一天天的拖延中白白浪费了。当时间过去，拖延者不自觉认同"时间是幻觉"的概念。他们生活在主观时间和客观时间的严重冲突中，并一直在其中挣扎。因为人们往往会急于去做即时的事情，而不做对未来很重要的事情。这体现了人类的某些天性，这也是拖延对人的影响会这么大的原因。

可以说，没有什么习惯，比拖延更能使人怠慢。拖延是可怕的敌人，是时间的窃贼，它会损坏人的品格，失去好的机会，劫夺人的自由，使人变为它的奴隶。

有什么样的目标，就有什么样的人生

若要建成大厦，必先绘制蓝图。拥有明确的目标将会给我们的行动计划、忙碌的方向带来指导，从某种意义上来说，有什么样的目标，就有什么样的人生。

一个人想要获得成功，只有明确了正确的方向，以后的努力才能加速目标的实现。方向不对，再努力、再辛苦，也很难成功。

亚里士多德说过："明白自己一生在追求什么目标非常重要，因为那就像弓箭手瞄准箭靶，我们会更有机会得到自己想要的东西。"方向是一个人行动的指南针。有方向的人是在为美好的结果而努力，没目标的人只会在原地拖延，浪费自己的生命。任何一个优秀的人绝不会在盲目中拖延自己的人生，他们总会在行动之前就为自己设定了努力的方向。

马克思说过，目标始终如一是他的性格特征。这种性格特征决定了他坚定的政治信仰，顽强执着追求，不动摇、不气馁、不妥协，为全人类留下了宝贵的精神财富。树立自己的奋斗目标并坚持始终，也应该成为我们的坚毅性格。

随着《哈利·波特》风靡全球，它的作者罗琳成了英国最富有的女人，她所拥有的财富甚至比英国女王还要多。但是人们可能并不知晓她曾经的窘迫。

罗琳从小就热爱文学，热爱写作和讲故事，写一部科幻类著作一直是她的奋斗目标。大学毕业后，她只身前往葡萄牙发展，随即和当地的一位记者坠入情网，并结婚。无奈的是，这段婚姻来得快去得也快。婚后不久，罗琳便带着3个月大的女儿杰西卡回到了英国，栖身于爱丁堡一间没有暖气的小公寓里。

丈夫离她而去，工作没有了，居无定所，身无分文，再加上嗷嗷待哺的女儿，罗琳一下子变得穷困潦倒。她不得不靠救济金生活，经常是女儿吃饱了，她还饿着肚子。家庭和事业的失败，并没有打消罗琳写作的积极性,她坚持写作。有时为了省钱省电,她甚至待在咖啡馆里写上一天。

在这样艰苦的环境中,罗琳没有放弃,仍然以积极的心态去写作。就这样,在女儿的哭叫声中,她的第一本《哈利·波特》诞生了,并创造了出版界奇迹,她的作品被翻译成35种语言在115个国家和地区发行,引起了全世界的轰动。

罗琳从来没有远离过自己的努力方向,即使她生活艰难,她也坚信有一天,必定会实现自己的目标。她的经历告诉我们,只有时刻牢记自己的奋斗方向,我们才能更容易走向成功。

在实现梦想的道路上,方向是前进路上的航标。只要我们找准了行动的方向,就应该努力前行,而不是继续深陷于拖延的泥沼中。因此,在接到任务时,在遇到问题时,我们首先做的就是设法弄清楚自己的前进方向,接下来就是不折不扣地沿着方向去努力。

任何活动本身并不能保证成功,是否成功,取决于是否朝向一个正确的方向努力。

没有目标的人不但不能够发展,说不定还会在日益激烈的工作竞争中被淘汰。只有那些朝着目标不断努力、不断学习,适应社会需要的人才能够在复杂多变的环境中长久地生存。他们不满于自己的现状,总是有更好的追寻目标,正是这个目标让他们拥有了不懈的动力,凭借这样的动力,才能够不断提升自己,全力以赴将工作做到最好,也为改变自己的命运提供了更多的机会。

别让零碎的"小岔子"分散你的精力

一天的时间对每个人而言都是公平的,拖延的人到底拿这些时间都做了什么?他们似乎一直在忙忙叨叨,但却摆脱不掉"拖延"的标签。

我们每天都在忙工作,但每天下来的成效却并不高,这种现象也常常发生在我们自己身上,工作中事务繁重,常常难以避免被各种琐事、杂事牵着鼻子走,也就是我们常说的"小岔子"。

不少人由于没有掌握高效能的工作方法,而被这些事弄得筋疲力尽、心烦意乱,总是不能静下心去做最该做的事,或者是被那些看似急迫的事所蒙蔽,根本就不知道哪些是最应该做的事,结果白白浪费了大好时光,导致工作效率不高,甚至拖延了工作的完成。法国哲学家福柯说过:"把什么放在第一位,是人们最难懂得的。"

被各种"小岔子"纠缠,导致精力分散,无法高效地工作的现象俯拾即是。而这也戳中了财经编辑张丽的痛处。在这个美好的清晨,张丽是这样工作的。

上班时打开电脑,张丽一副兴致冲冲地准备干活的架势,各种网页窗口排满了电脑屏幕,新建Word文档已经拟好了标题,办公桌上摆满了可能要用到的一些书籍资料……不过,这并不意味着她这一天的工作已经开始了。因为,还有一些问题她需要"关注"一下。

看新闻，不过不是财经新闻，而是娱乐资讯，这几乎成了她每天的功课，虽然占用不了多少时间；看视频，不是什么财经名人的讲坛，而是搞笑视频，她喜欢一天的工作从欢乐开始，这也占不了多少时间；看微信，自己发点感触，看看朋友圈的内容，不能与朋友圈脱节，这也占不了多少时间……等到这些事都做完了，想要摒除一切杂念开始工作时，将近一个小时已经过去了。

当她好不容易进入工作状态中，零零碎碎的"小岔子"并没放过张丽。自己收了两个快递，给同事代发了一个快递，老同学来京打电话联系晚上一起吃饭，同事QQ群里再贫上两句，不知不觉一上午的时间就这么过去了。

回过头来看，张丽一上午似乎没闲着，但电脑上的Word文档上只多了几段字而已。已经到了午饭时间了，没办法了，下午接着干吧。再见了，上午！

拖延者总是喜欢把最重要的事无限地往后拖，在上班时做一些无关紧要，甚至是没有用的琐事。譬如张丽，如果没有刷微信，没有聊QQ，也许她的稿件一上午时间早就已经出来了。可惜，人生没有那么多假如，错过了就是错过了，时不我待。

拖延者的思维，采用的是心理上开小差的方式，传达出的信息是一样的："我先看会儿网页，不耽误时间"，"我先处理好这件小事，只是举手之劳"等，殊不知很有可能这就是正在拖延的信号。

一个不在这些"小岔子"上耽误工作的人，会有效地安排大小事务，做到轻重缓急心里有数，不被琐务牵着鼻子走。如何不被这些"小岔子"牵着鼻子走,变为有主见、高效率的人,拖延患者就要学会时刻牢记把最该完成的事情放在第一位。如果,事无巨细,任由"小岔子"不停地打扰自己,势必会造成手忙脚乱,"两眼一睁忙到熄灯"的境地。

看过或懂得园艺的人都知道,为了使树木能更快地茁壮成长,为了让以后的果实结得更饱满,就必须忍痛将一些旁枝剪去。若要保留这些枝条,那么将来的总收成肯定要减少几成。做事就像培植花木一样,只有舍弃那些"小枝小岔",才能让自己的全部精力放在主枝上,并且全力以赴地去做好。很多拖延者做事拖延,并不是因为他们喜欢拖延,而是他们不能判断哪些事是"岔子",使得自己的精力被浪费在了一些没有意义的事情上,从而最终造成拖延的恶果。如果把那些"枝杈"都剪掉,使所有养料都集中到一个方面,那么他们将来一定会惊讶——自己的事业树上竟然能够结出那么美丽、丰硕的果实。

为此,我们应该懂得把最重要的事情放在第一位,静下心去做最该做的事,不再被琐事牵着鼻子走,从而使自己的工作能够稳步、高效地进行。

重拾行动力,克服拖延症

你打算什么时候开始完成手头上的项目?你在等什么,是在等待别人的帮助还是等待问题消失?明明已经有了计划,但不能付诸执行，问题仍在等着你，而那些同时起步的人已经解决了问题，开始了下一步计划。

不拖延的人都是具有高效执行力的人，他们会想尽办法快速完成任务。"最理想的状态是任务在昨天完成。"对于应该尽速完成的事，要在第一时间内进行处理，争取让工作早点瓜熟蒂落，让自己放心。

千万不要把昨天就该完成的工作拖延到今天，把今天就能完成的工作拖延到明天。最好不要等到别人开口，说那句"你什么时候做完那件事"时，才匆忙呈上自己的成绩。

比尔·盖茨说："过去，只有适者能够生存；今天，只有最快处理完事务的人能够生存。"对于一名绝不拖延的行动者来说，"马上就办"是唯一的选择。

李·雷蒙德是工业史上绝顶聪明的CEO（首席执行官）之一，是洛克菲勒之后最成功的石油公司总裁——他带领埃克森·美孚石油公司继续保持着全球知名公司的美誉。

有一次，李·雷蒙德和他的一位副手到公司各部门巡视工作。到达休斯敦一个区加油站的时候，李·雷蒙德却看见油价告示牌上公布的还是昨天的数字，并没有按照总部指令将每加仑油价下调5美分进行公布，他十分恼火。

李·雷蒙德立即让助理找来了加油站的主管约翰逊。远远地望见这位主管，他就指着报价牌大声说道："先生，你大概还熟睡在昨天的梦里吧！因为我们收取的单价比我们公布的单价高出了5美分，我们的客户完全可以在休斯敦的很多场合，贬损我们的管理水平，并使我们的公司被传为笑柄。"

意识到问题的严重性，约翰逊连忙说道："是的，我立刻去办。"

看见告示牌上的油价得到更正以后，李·雷蒙德面带微笑说："如果我告诉你，你腰间的皮带断了，而你却不立刻去更换它或者修理它，那么，当众出丑的只有你自己。"

也许加油站的主管约翰逊认为，当天的油价只要在当天换也来得及。但是商业环境的竞争节奏正在以令人眩目的速率快速运转着，我们所应该做的应该是"绝不拖延"。

以最快的速度去开始一项工作是保持恒久竞争力不可缺少的因素，也是不会过时的职场本领。在人才竞争激烈的公司里，要让自己保持稳定甚至常胜的优势，就必须奉行"绝不拖延"的工作理念。

世界上有90％的人因拖延而一事无成。不找任何借口，不惧怕任何困难，以最快的时间，用最好的质量，马上就办，这才是最优秀的人。

设立明确的"完成期限"

很多人有这样的经验：如果上级在星期一布置了工作任务，要求在星期五之前交上来，同时强调最好是尽快完成，很多人从星期二到星期四几乎很难安下心来把任务完成并主动交上，总是在星期四晚上或星期五早上的时候才匆匆把任务赶完。同时在看似无所事事的前三天里，他们的内心一直备受煎熬——每天都在告诉自己：该行动了，时间不多了！可是，他们就是无法进入状态，同时又不断谴责自己没有效率，始终被负罪感包围着。如果上级布置工作任务时要求星期三之前交上来，即使不强调最好尽快完成，那么你也会在星期三之前把任务完成。这就是心理学中著名的"最后通牒效应"。

心理学家做过这样一个实验：让一个班的小学生阅读一篇课文。实验的第一阶段，没有规定时间，让他们自由阅读，结果全班平均用了8分钟才阅读完；第二阶段，规定他们必须在5分钟内读完，结果他们用了不到5分钟的时间就读完了。

对于不需要马上完成的任务，人们往往是在最后期限即将到来时才努力完成的情形，称为"最后通牒效应"。

心理学上的"最后通牒效应"说明了最后期限的设定是越提前越好。这种心理效应反映了人类心理的某种拖拉倾向，即人们在从事一些活动时，当时间宽裕的时候，总感觉能拖就拖，但不能拖的情况下——例如当不允许准备的时候，或者已经到了规定的时间，人们基本上也能够完成任务。当给自己规定完成目标的最后期限时，我们应该尽量把最后期限往前赶，否则过于宽松的最后期限很多时候起不到提高我们工作效率的作用。

在工作中，我们应当善于为自己设定"最后期限"，任何事情如果没有时间限定，就如同开了一张空头支票。只有懂得用时间给自己施加压力才能保证准时完成任务。

要做到不拖延，最好制定自己每日的工作时间进度表，记下事情，定下期限。否则，下面的困境就很有可能发生在你身上。

曹睿是某公司的一个部门主管，他平时工作总喜欢把"不着急，还有时间"，"明天再说吧"这些话放在嘴边。这一次老板要去国外公干，并且要在一个国际性的商务会议上发表演说。曹睿负责一些资料的搜集和整理。刚接到这个任务时，曹睿并没有着急，他想搜集资料是很简单的，又不像写东西那么复杂，就一直没给自己设定完成的最后期限。

直到老板要出发的前一天，所有的主管都来送行，有人问曹睿："你负责的资料整理好了吗？"

曹睿感觉很轻松地说："不用那么着急，老板要坐好长时间的飞机，反正这段时间是空闲的，资料要等到下飞机才用，我在飞机上做就是了。"

过了一会儿，老板来了，第一件事就是问曹睿："你负责整理的资料和数据呢？"曹睿把他的想法又跟老板说了一遍。老板听了他的回答，脸色大变："怎么会这样？我已经计划好了，利用在飞机上的时间，和同行的顾问按照这些资料研究一下这次的议题，不能白白浪费这么好的时间啊！"

听到老板的话，曹睿脸色一片惨白。

总是将"明天再说吧"挂在口头上的曹睿，由于没有设定完成目标的最后期限，失足在了一份简单的工作任务上。

任何事都必须受到时间的限制。为自己的事情设定最后期限，这会让我们行动起来以按时完成各项工作，并且激发我们自身的能动性。没有时限的目标，会让人不自觉地拖延起来，让目标的实现之日变得遥遥无期。

如果没有时间的限定，不懂得为目标设定最后期限，那么就埋下了拖延的种子。只有善于给目标设定最后期限，懂得用时间给自己适当施加压力，才有助于自己以最快的速度行动起来。

用最好的精力做最重要的事

生活中有很多人，总为一些不值得的事忙个不停。表面上看来，他们总是拼命工作，从来不浪费一秒钟的时间。每天，除了把大量的时间用在本职工作上，还负责很多其他方面的事务，时间长了，自己的工作效率低下不说，身心都很疲惫。他们似乎从来就不去判断，什么事情是值得去做的、什么事情是不值得的。

做不值得做的事，会让你误以为自己在完成某些事情。你耗费了大量时间和精力，得到的可能仅仅是一丝自我安慰和虚幻的满足感。当梦醒后，你会发现该做的事一件都没有做，而自己却已经疲惫不堪。不要受不重要的人和事过多的干扰，因为成功的秘诀就是凡事做到高效率完成。一流的人做一流的事，不该做或不值得做的事，千万别去做，无论感情上再怎样难以割舍，也不要虚耗自己的生命。

很多时候，我们明知道一件事不值得还去做，这时我们通常不会尽自己的全力去做。这种情况下，即使我们做了也不会有什么好的结局。事实上，马虎和敷衍大多数情况是因为我们知道自己做的事不值得。如果知道一件事不值得自己去做还是去做，那就是在浪费时间和资源。与其这样，还不如把时间放在自己认为值得去做的事情上。

做事，首先要集中精力做最重要的事，不被琐事缠身。如果认定一件事是不重要不紧急的，我们就应该果断地暂时放弃，清醒的放弃胜过盲目的坚持。

美国著名剧作家尼尔·西蒙和惠普的第一位女总裁卡莉·费奥瑞纳，都是善于判断"不值得做的事"，从而走向了事业的成功的人。

美国著名剧作家尼尔·西蒙在决定是否将一个构想写成剧本前会问自己："如果我要写个剧本，将故事讲述得引人入胜，而且能将剧本中的角色塑造得栩栩如生，这个剧本会有多好呢？……还不错，它会是一个好剧本，但不值得花费一两年的时间。"结果也可能并不理想，而像是鸡肋，没多少味道；或者只是浪费时间的世俗之作罢了。因此，西蒙不会花费精力去写。这就是不做不值得做的事。

卡莉·费奥瑞纳还在朗讯科技公司工作时，被《财富》杂志评为年度"美国商业界最有影响力的女性"。众多的猎头公司盯上了她，纷纷以种种诱人的条件，拉她去别的公司发展。她被这些诱惑搅得心烦意乱。她的人生导师——朗讯科技公司的董事长却告诫她说："你必须自己拿主意，要想清楚哪些职务邀请是你愿意考虑的。无论你的目标是什么，都不要把时间浪费在不符合你的目标的人身上。"费奥瑞纳认清了自己的人生目标，没有为那些诱惑所动，最后终于成为世界著名公司——惠普的第一位女总裁。

像尼尔·西蒙和卡莉·费奥瑞纳这样成功的人都懂得，不做不值得的事情，大胆地放弃不值得的东西。懂得运用"不值得定律"，不把时间浪费在不符合目标的人和事上，不值得的事情不去做，做好值得做的事情，这才是克服拖延的良好习惯。

很多人给人留下了拖延的印象，并不是因为他们工作不积极，而是他们没有果断地舍弃"不值得"的事，使自己的精力被浪费在了一些没有意义的事情上。

以"当日事，当日毕"为标准

在我们身边总不乏这样一些人：总是在老板或领导的一次次督促下，拖上十天、半月才会把工作做完；虽埋头于琐碎的日常事务，却在不经意间遗漏最重要的工作；整天忙忙碌碌，工作质量却无法令人满意；遇到问题虽然想解决，却总是没法在第一时间高效地完成任务。

"当日事，当日毕"可以很容易地解决拖延的问题，它使得"第一时间解决问题"能够深入每天的工作中。

凡是发展快且发展好的世界级公司，都是执行力强的公司，而它们奉行的是"当日事，当日毕"的态度。

比如以某著名家电品牌的售后服务来说，客户对任何员工提出的任何要求，无论是大事，还是"鸡毛蒜皮"的小事，员工必须在客户提出的当天给予答复，与客户就工作细节协商一致。然后毫不走样地按照协商的具体要求办理，办好后必须及时反馈给客户。如果遇到客户抱怨、投诉时，需在第一时间加以解决，自己不能解决时要及时汇报。正是基于这样的不拖延的态度，该家电品牌的市场份额才不断扩大。

"当日事，当日毕"追求的就是效率和结果，而几乎任何地方都迫切地需要那些能够做事不拖延的员工：不是等待别人安排工作，也不是把问题留到上司检查的时候再去做，而是主动去了解自己应该做什么，做好计划，然后全力以赴地去完成。

今天的工作今天必须完成，因为明天还会有新的工作。今天的事情拖到明天，只会让自己更被动，感觉头绪更乱、任务更重。只要在工作中努力去做到"当日事，当日毕"，每天都坚持完成当日的工作，就会发现不仅会按时完成任务，而且心理上会感觉很轻松。

"当日事，当日毕"的目标能促使你抓紧时间，马上进入工作状态，而做到"当日事，当日毕"则是一个小小的成就，会令你在今后的每一天更有信心将当天的工作做完做好并争取第二天做得更好，不断超越自己、追求完美，并终将有所成就。

任何一个懒惰成性、整天把工作留给明天、被上司或者同事推着走的人，走到哪里都不会受欢迎。我们应当真正以"当日事，当日毕"的标准要求自己，全力以赴，并以此敦促自己不断进步。

下面列举几条做到"当日事，当日毕"的建议：

（1）如果时间允许，在行动之前要反复冷静地思考，给自己充分思考解决问题的方法和步骤的时间，保证"一次就把事情做对"，免得越忙越乱造成错误，返工改错又很容易出现新错误，让更多人跟着你忙，造成巨大的人力和物力损失。

（2）一旦做好计划，就立即行动，不要等待工作的外部条件十全十美。把握住现在，外界的不利条件可以在工作的过程中被不断改变，如果不能如愿你只需要根据实际情况调整工作计划。

（3）不要浪费时间。今天应该干的工作绝不拖到明天，敦促自己在工作的过程中全力以赴、珍惜时间。

不论心情好坏，每天早上都要将思想清零，从零开始有规律地持续工作。

不要仅仅满足于做完工作，还要对自己提出在每天的工作中都要"进步一点点"的要求，并努力去达到。虽然达到自己"每天进步一点点"的要求可能要付出很多努力，但这会让你的自信心和工作能力不断得到增强，今后做事就能相对轻松一些。

要有远见、有计划地工作，搜集可能对将来有用的信息，一点一滴地积累，以备不时之需。

恰当而合理的时间预算

哈伯德在自己的著作中指出，善于为时间立预算、做规划，是管理时间的重要战略，是时间运筹的第一步。你应以明确的目标为轴心，对自己的一生做出规划并排出完成目标的期限。

时间是流动的，它从来不会为了某个人停下自己匆忙的脚步。因此，善于利用时间，做好时间预算，就成为衡量管理者工作水平高低的一把重要标尺。

首先，我们要知道何为时间预算。时间预算是研究社会群体和个人在特定周期内，用于不同目的的各种活动时间分配的一种方法。其内容包括：

何人（或社会群体）从事何种活动（如吃饭、睡觉、工作、娱乐等）；

何时从事该项活动；

从事该项活动时间的长短；

在一定时间周期内（如一天、一周、一个月）从事该项活动的频率和用于不同目的的时间分配；

从事该项活动的时间顺序；

在何处与何人从事该项活动。

时间预算首先要通过定量分析来揭示在一定时间总量中所从事的活动种类及各种活动的连贯性、协同性、普遍性和周期性；同时，从质的方面反映个人或社会群体活动的内容、性质和特点。时间预算被广泛应用到城市规划、市政管理、生活方式、企业经营和工程建设等各个方面。进行时间预算多采用问卷法、访问法、观察法、日记法，以及历史比较法和国际比较法来搜集数据，并借助指标体系进行测定。

在平时的工作中，我们可以记工作日志，或将完成每件事花的时间记录下来。有的人工作起来似乎一天到晚都很忙，并且常常加班。避免加班的关键在于行程表的拟订。拟订周期行程表是件非常重要的事。尝试拟订行程表，能让自己的工作行程、同事的活动、上司的预定计划、公司的整体动向等事情一目了然。由于自己的工作并非完全孤立，所以必须将它定位在所属部门的目标、公司整体的目标乃至外界环境的变动上，才能保证计划的合理性。只要尝试拟订行程表，原本凌乱不堪的各种预定计划，就会显得条理井然起来。

如果能够拟订行程表，设定进修时间、休闲时间、与家人沟通的时间，自己和家人都将因此取得默契，步调一致。此外，通过与家人的沟通，你不但可以减轻日常生活的紧张压力，而且能够涌现新的活力。需要注意的是，先忧后乐乃是时间计划的基本原则。

把这种个人时间管理模式推荐给家人，可有效避免和家人发生冲突。让我们来看一看如何制定一个具体的周末假日行程表。

首先，所谓周末假日究竟是从什么时候开始，到什么时候结束呢？

一般的看法是从周六早上到周日晚间为止。不过如果想要利用周末假日，充分争取时间进行自我启发的话，这样看是不行的。所谓周末假日是从周五晚间到周一早上为止的时间。如此解释的话，就有将近三天的假期可以运用，无妨将它当作一个整体时段来加以掌握。倘若这种理念成立的话，周五晚间的度过方法就变得十分重要。

首先，周六和周日，还是应该早起。如果失之严苛的话，恐有难以持续之虞，因此不妨稍微放松，比平日晚起一两个小时也没关系。尽可能和家人共用早餐为宜。

其次，要将周六、周日的上午定为主要进修时间，不足的部分排入周六、周日的晚间。周日晚间不排计划只管就寝，周一早上提早起床也就可以做到。

一般而言，周末假日要将工作暂且付诸脑后，好好地调剂身心才是提高工作效率的良方。不过，有件事情非常重要，就是必须为下周一开始的工作预作心理准备。如果等到下周一早上再来定下下周的进修行程表，已经太迟了。本周日晚间才是思考并定下下周行程表的绝佳时机。

由此可知，恰当而合理地进行时间预算，不仅可以为自己赢得与家人在一起的快乐时光，更可以大大地提高我们的工作效率，从容应对一切。

"重要的少数"与"琐碎的多数"

"一分耕耘，一分收获。"一直以来，人们将其奉为圭臬。但很多人会遇到这种情况：为做成一件事，花费了几倍于别人的精力，结果却不尽如人意。"事倍功半"成为我们工作和生活的常态。

如何使耕耘能有收获甚至达到"事半功倍"，每个人都希望找到这样的高效秘诀。其实，高效能人士的确有个法宝，这就是"二八法则"。

1897年，意大利著名经济学家帕累托偶然发现了英国人的财富和收益模式，经过长期研究，最终发现了被后世所称道的著名的"二八法则"。帕累托研究发现，社会上的大部分财富被少数人占有了，而且这一部分人口占总人口的比例与这些人所拥有的财富数量，具有极不平衡的关系。

长期研究后，他从大量的具体事实中归纳出一个简单却让人不可思议的结论：社会上20%的人占有了社会80%的财富。

后来，研究"二八法则"的专家理查德·科克在工作实践中发现，凡是洞悉了"二八法则"的人，都会从中受益匪浅，有的甚至会因此改变命运。的确，如果你真正理解并正确运用了"二八法则"，那成功离你并不遥远，触手可及的感觉总会让人具有奋斗的不竭动力。

人们常习惯性地认为，顾客都是上帝，要一视同仁；每一个人都是一颗不可或缺的螺丝钉，发挥着同样的价值作用……但当我们在所有的事物上花费等量的精力时，往往会发现，投入与产出等比的情况并不总会出现，并且大多数时候的结果是"事倍功半"。"二八法则"提醒我们要对那些客观存在的不平衡现象给予足够重视，提醒我们应该打破那些束缚我们的常规认识，从而提高生活和工作效率。

因与果、投入与产出或努力与报酬之间的关系，往往是不平衡的，这是"二八法则"带给我们的启示。它要求人们放弃那些"表现一般或不好"的、只能带来20%产出的80%的投入。我们身边的高效能人士都是懂得运用"二八法则"的高手。

查尔斯是纽约一家电气分公司的经理。他每天都疲于应付成百份的文件，这还不包括临时得到的诸如海外传真送来的最新商业信息。每天一出电梯，走进公司门口的时候，他就被等在电梯口的职员团团围住，等他走进自己的办公室，已是满头大汗。他经常抱怨说自己要再多一双手、再有一个脑袋就好了。查尔斯看似每天十分忙碌，但是大部分时间浪费在了一些不必要的签字上。各部门的职能与权力分配却不清晰。

查尔斯忍受不住了，他终于醒悟了，他把所有的人关在电梯外面和自己的办公室外面，把所有无意义的文件抛出窗外。他让他的属下自己拿主意，不要来烦自己。他给自己的秘书做了硬性规定，所有递交上来的报告必须筛选后再送交，不能超过十份。刚开始，秘书和所有的属下都不习惯。他们已养成了奉命行事的习惯，而今却要自己对许多事拿主意，他们真的有点不知所措。但这种情况没有持续多久，公司开始有条不紊地运转起来，属下的决定是那样地及时和准确无误，公司没有出现差错。相反地，往往经常性的加班现在却取消了，只因为工作效率因真正各司其职而大幅度提高了。查尔斯有了读小说的时间、看报的时间、喝咖啡的时间、进健身房的时间，他感到惬意极了。他现在才真正体会到自己是公司的经理，而不是凡事包揽的老妈子。

查尔斯作为管理者，每天总是"忙碌"，每天80%的时间浪费在了一些不必要的签字上，当他改变工作方式后，将无意义的文件抛出了窗外，将绝大部分精力花在了"不超过十份"的文件上，结果是：他的工作效率大大提高了。这就是"二八法则"的神奇力量。

"二八法则"要求分清"重要的少数"还是"琐碎的多数"，不要沉浸在忙碌中，时间是一种资源，应该将精力集中解决"重要的少数"。它是一项对提高人类效率影响深远的法则，被称为指导职业获利和人生幸福的"圣经",适用于任何渴望提高工作效率、创造最高财富利润的人。

如果想取得人生的辉煌和事业的成就,就必须遵守"二八法则":

抓住重点,而非全程参与;

学会用最少的努力去控制生活;

选择性地寻找,不要巨细无遗地观察;

做一件事情就要做好,不要事事都追求好的表现;

让别人来负责一些事务,不必事必躬亲;

只做最能胜任的、最能从中得到乐趣的事;

锁定少数,不必苦苦追求所有机会。

可见,"二八法则"不仅反映了宇宙中客观存在的不平衡性,更浓缩了一种时间管理智慧。相信所有人都不愿扮演"老妈子"的角色,都希望能够从容地做好自己的工作,"二八法则"为所有人提供了这样的捷径。

利用好你的最佳时间

知道什么时间该做什么事情,懂得把时间花费在最有价值的地方。正确地管理时间就是对自己生命的负责。生命有限,时间无限。如何在有限的生命中创造无限的价值,关键取决于如何利用好最佳时间。

人们常常抱怨生活不公平,其实,我们没有看到一点:生活对每一个人都是公平的。赫胥黎说:时间最不偏私,给任何人都是24小时;时间也最偏私,给任何人都不是24小时。不同的是,当最佳的时间出现的时候,有些人懂得抓住并很好地利用,有些人却茫然不知,沉湎于一时的欢乐与游戏之中。

懂得充分利用最佳时间,无论早、中、午、晚,都能恰当地安排好待办的事情,让时间在自己的手里发挥出最大价值,成功就变得不再困难。

贝格特是一家保险公司的人寿保险业务员。半年以前,全公司里他一直是最大保险销售额的业务员之一。但在过去的半年当中,贝格特变得有些懒散了,不太愿意工作,他打破自己的惯例,把最佳的工作时间,用在读报、打网球或者随便做些别的事上,因此,他个人的业绩大大降低了。

后来,为了提高业绩,经过反思,他制定出一份工作时间表。贝格特发现,只用三到五分钟,就能够确认要把自己最宝贵的时间用于何处,大大提高了自己的工作效率。贝格特认识到了所浪费掉的时间的价值,他开始改变了此前的做法。每天都花上几分钟,对自己做一个利用时间的表格分析,以使自己重新有效地掌握时间,充分地安排并利用好各个时间段的最佳时间。这样,不仅工作业绩上升了,连个人娱乐休闲的时间也有了。

汉克斯是一名年轻的销售员。为了在工作上有所成就,以确认他应当把时间花在何处,他来到图书馆,阅读许多有关销售人员的资料。他发现,新业务员必须用75%的时间去了解情况,或寻找客户;8%的时间应当用来准备磨炼销售技能、才干及产品知识，以便提出一份最佳的产品介绍；剩下的时间就花费在接近可能的客户上。你必须抓住时机，使这个客户做出决定，直到你拿到签了字的订货单为止。汉克斯按着这种思路，分配了这三段最佳工作时间，进步很快，得到了主管的表扬。

"盛年不重来，一日难再晨。及时当自勉，岁月不待人。"这是五柳先生的劝勉之语。在自己年轻之时，充分利用好工作、生活的最佳时间，就会取得自己想要的成功。就如贝格特和汉克斯一样，准确抓住最佳时间，并合理地用在工作、寻找客户或者磨炼技能上，就能在同别人一样的时间里，创造不一样的价值。

我们都知道，世界上最快而又最慢，最长而又最短，最平凡而又最珍贵，最容易被人忽视而又最令人后悔的就是时间。不要在错过流星的时候再错过太阳。要及时地抓住属于自己的每一分每一秒，做到"时间"有所值。

这里，我们提供几个可供参考的最佳时间利用办法：

（1）把该做的事依重要性进行排列。这件工作，可以在周末前一天晚上就安排妥当。

（2）每天早晨比规定时间早15分钟或半个小时开始工作。这样，就可以有时间在全天工作正式开始前，好好计划一下。

（3）把最困难的事搁在工作效率最高的时候做，例行公事，应在精神较差的时候处理。

（4）不要让闲聊浪费你的时间，让那些上班时间找你东拉西扯的人知道，你很愿意和他们聊天，但应在下班以后。

（5）利用空闲时间：它们应被用来处理例行工作，假如访问者失约了，也不要呆坐在那里等下一位，你可以顺手找些工作来做。

（6）晚上看报：除了业务上的需要外，尽可能在晚上看报，而将白天的宝贵时光，用在读信、看文件或思考业务状况上，这将使你每天的工作更加顺利。

（7）开会时间最好选择在午餐或下班以前，这样你将会发现在这段时间每个人都会很快地做出决定。

时间待人是平等的，但是每个人对待它的态度的不同，就造成了时间在每个人手里的价值的不同。高效地管理时间，充分利用最佳时间，当年老蓦然回首时，就不会因蹉跎光阴而悔恨不已了。

图书在版编目 (CIP) 数据

自律 / 华管著. -- 北京：中国华侨出版社，2020.1（2020.8 重印）

ISBN 978-7-5113-8097-5

Ⅰ. ①自… Ⅱ. ①华… Ⅲ. ①自律—通俗读物 Ⅳ. ① C933.41-49

中国版本图书馆 CIP 数据核字（2019）第 283324 号

自律

著　　　者：	华　管
责任编辑：	刘雪涛
封面设计：	冬　凡
文字编辑：	胡宝林
美术编辑：	盛小云
经　　销：	新华书店
开　　本：	880mm×1230mm　1/32　印张：6　字数：154 千字
印　　刷：	三河市众誉天成印务有限公司
版　　次：	2020 年 6 月第 1 版　2021 年 11 月第 6 次印刷
书　　号：	ISBN 978-7-5113-8097-5
定　　价：	35.00 元

中国华侨出版社　北京市朝阳区西坝河东里 77 号楼底商 5 号　邮编：100028
发行部：（010）88893001　　传　真：（010）62707370
网　址：www.oveaschin.com　　E-mail：oveaschin@sina.com

如果发现印装质量问题，影响阅读，请与印刷厂联系调换。